骨格診断®と髪質診断で見つける
＼もっと／
似合う髪型の法則

二神弓子＝監修
(社)骨格診断ファッションアナリスト認定協会代表理事
椙原尊行＝監修
美容師、クリエイティブディレクター
森本のり子＝著
(社)骨格診断ファッションアナリスト認定協会理事

日本文芸社

はじめに

手間も時間もかけずに、一気に垢抜ける！あなただけの「似合う髪型」理論

みなさんは髪型で悩まれたことはありませんか。

「似合っていない気がする」

「求めているイメージとは何か違う」

などと鏡の前でうんざりした経験のある方は、多いのではないでしょうか。

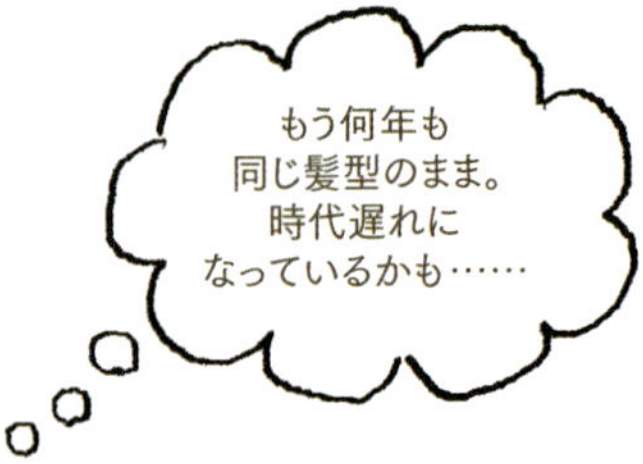
もう何年も
同じ髪型のまま。
時代遅れに
なっているかも……

若いときは
どんな髪型でも
それなりに
似合ったのに

いつも美容師さんに
お任せだけれど、
納得いく髪型に
できたことはあんまりない

卵型の輪郭じゃないし、
髪の毛で隠したい
パーツばっかり！
憧れの髪型は
あるけれど、
痩せるのが先かな

本書は「体型」と「髪質」の特徴から、あなたに似合う髪型を紹介します。

「体型」に合った髪型

↓

全身のバランスを美しく整え、スタイルをよく見せる

「髪質」に合った髪型

↓

簡単にセットできて、きれいが続く

実際に試していただければ、「スタイルがよく見えるようになった」「センスがよく垢抜けた印象になった」「朝の身支度がとてもラクになった」などの嬉しい効果を実感できるはずです。

つまり「体型」と「髪質」の特徴に合った髪型は、あなたの生まれもった魅力を最大限に引き出すことができるのです。

本書では「体型」の特徴を見つける〝骨格診断®〟と、「髪質」の特徴を見つける〝髪質診断〟の2つの診断手法を取り入れました。診断を行なっていただければ、あなたに似合う髪型が見つかるはずです。

ここまで読まれて、髪型の話なのに、顔の「輪郭」について触れられていないことに疑問を感じた方もいらっしゃるかもしれません。

けれど、まずは自分の「体型」と「髪質」の特徴をつかみ、それにふさわしい「似合う髪型」を知っていただきたいと思います。

前のページで触れているように〝垢抜ける&手間いらず〟を叶える髪型は、「体型」と「髪質」の両方の特徴を生かすことが不可欠。そして、そのための基本となる理論があるからです。

そのうえで「輪郭」については、顔の印象をどのように見せたいのか（たとえば優しい雰囲気にしたい、知的な雰囲気にしたいなど）によっ

ておさえておきたいポイントがあります。必要に応じて参考にしていただければと思います（輪郭の話はＣｈａｐｔｅｒ５で紹介）。

おしゃれの3要素といわれる「服」「メイク」「髪型」。

このなかで一度決めたらそう簡単には修正ができないという点で「髪型」が一番悩ましいのです。服やメイクなら、とりあえずいろいろ試してみて決めようという気軽な向き合い方もできますが、髪型については、なかなかそうはいきませんよね。

だからこそ、あなたの生まれつきの個性を魅力的に引き出せる「似合う髪型」を知ってもらいたいと思います。髪型が決まれば、日々のおしゃれがもっと楽しく、そして洗練されたものに変わります。

似合う「髪型」によってあなたの個性がもっと魅力的に輝きますように。そしてあなたの個性を伸びやかに表現したおしゃれが、あなたらしい心豊かな人生をそっと後押ししてくれるものとなりますように。

２０１７年３月

著者　森本のり子

Contents

Chapter 3

生まれもった髪の魅力がわかる 髪質診断

Chapter 4

スタイルアップ&ラクが叶う髪型がわかる 骨格診断×髪質診断

Chapter 5

髪型で自分らしい魅力を引き出して　もっと素敵に！

Chapter
1

何が違うの？
垢抜けて見える人の
髪型のルール

髪型のルール

気を抜きがちな「髪」が、おしゃれの鍵を握る？

もっと垢抜けた印象になりたいと感じるとき、あなたならどんな方法が思い浮かびますか。

「新しい服を買おう」とか「今風のメイクに変えよう」などということがまっさきに思い浮かんだ方は多いかもしれません。たしかにどちらも効果的な方法だと思います。

でも実はもうひとつ、「服」や「メイク」と同じくらい大切な要素があります。それは「髪型」です。

「似合わない髪型」の怖い魔法にかからないために

「髪型」は「服」や「メイク」に比べると意識が向きにくいもの。でも、垢抜けた印象になるためには外せない要素です。せっかく服やメイクが洗練されていても、髪型がいまいちだと、全体の印象はパッとしないものになるからです。

髪型によって垢抜けた印象をつくるために大切なのは、あなたの「体型」と「髪質」の特徴を生かした髪型にすることです。

おしゃれの3要素

●「体型」に合っていない髪型
⇩スタイルがわるく見える
⇩野暮ったい印象になりがち

●「髪質」に合っていない髪型
⇩朝の身支度に時間がかかる
⇩セットがすぐに崩れてしまいがち

だからこそ、自分の「体型」と「髪質」に合った、似合う髪型を知ることはとても大切です。服やメイクの魅力をより一層引き立て、スタイルがよく洗練された印象をつくり出してくれます。

「骨格診断」と「髪質診断」からなる似合う髪型理論

本書で紹介する「似合う髪型」理論は、あなたという素材がもつ魅力を最大限に引き出すものです。もって生まれた体型と髪質という2つの素材を生かした、あなたに似合う基本の髪型を見つけることができる理論です。

この基本の理論さえおさえれば、憧れの髪型を自分流に取り入れることも、忙しい毎日でも扱いやすい髪型を選ぶこともできます。シチュエーションによってアレンジを楽しんだり、服やメイクと合わせてさらに洗練された印象を与えることもできます。

本書では似合う髪型を、「骨格診断（体型）」と「髪質診断（髪質）」の2つによって見つけます。

さらに、Ｃｈａｐｔｅｒ４からはこの2つの診断結果をもとに、似合う髪型を6つのタイプに分類し、各タイプにおすすめの髪型を長さ別に紹介します。

「体型」に合う髪型　3つの効果

- スタイルがよく見える
- 服やメイクが引き立つ
- 洗練された印象になる

「髪質」に合う髪型　3つの効果

- セットに時間をとられない
- 1日中キープしやすい
- いつでも美容院帰りのよう

髪型のルール

「体型」に合う髪型で、美しさを引き出す

自分に似合う髪型の選び方としてまっさきに思い浮かべるのは、顔の輪郭に合わせる、ということではないでしょうか。もちろんそれもひとつの方法ではあります。

でも、ぜひ着目してほしい別の視点があります。前の項目でも少し触れましたが、それは「体型（骨格タイプ）に合った髪型」という考え方です。

最近は骨格診断理論が知られてきたこともあり、それぞれの骨格タイプによって、スタイルがよく見える服の「形」と「素材感」があることは、すでにご存知の方もいるかもしれません。これは前著『骨格診断®とパーソナルカラー診断で見つける　似合う服の法則』（日本文芸社）で詳しく紹介しました。

でも実は服だけでなく、それぞれの骨格タイプに似合う「髪型」もあるのです。

全身のバランスから、似合う髪型を探す

骨格診断理論の大きな特徴は、「引き（少し離れた位置）で見た際の全身のバラン

スの美しさ」を重視しているところにあります。

骨格タイプに合った服を着れば、その人の体型のもつ特徴が美しく引き出されます。女性らしさが引き立ったり、着やせして見えたり、垢抜けた印象を与えるなど、ぱっとひと目見た際の洗練された美しさをつくり出します。


実は、骨格タイプに合った髪型にした場合にも、同じ効果があるのです。

たとえば首の長さや胸元の厚みの違いによっても、スタイルがよく見える髪型が異なることは、なんとなくイメージできるのではないでしょうか。

美意識の高いことで知られるパリジェンヌたちも利用するフランスの美容院では、お客さんに立ったり座ったりしてもらいながらカットをすることがあるとか。立っている状態も確認することで、全身のバランスが美しく見える髪型に仕上げているわけですね。

どの「輪郭」にも、それぞれの魅力がある

一方、顔の輪郭に着目して髪型を考えると、「特徴を隠す」方向に意識がいきがちです。たとえば、エラを隠したい、丸顔が目立たないようにしたいなどです。

先日お会いした方は、両サイドの髪を耳にかけたシャープな髪型が、持ち前のチャーミングな顔立ちの魅力を一層引き立てていて、とてもよくお似合いでした。

　でもご本人にお話を聞いてみると、エラの張った輪郭が長年のコンプレックスで、最近になってようやく受け入れることができ、フェイスラインを出すようにされたのだとか。

　本書の骨格診断と髪質診断という理論の根本にあるのは、「生まれもった、ありのままのあなたの素材を生かす」という考え方ですが、輪郭についても同じようなとらえ方をしてみると、新たな魅力が引き出されるかもしれません。

　顔の輪郭についてはChapter5で説明していますが、顔の輪郭はあくまで体全体から見れば一部分の要素です。

「骨格診断」と「髪質診断」で似合う髪型を見つけたうえで、輪郭については、どんな印象にしたいのかという部分で参考にしていただけたらいいな、と思います。

髪型のルール

「髪質」に合う髪型で、時間も道具もいらなくなる

私たちには生まれつきの髪質があります。艶やかでさらさらした髪の人もいれば、やわらかくてエアリーな髪の人もいますよね。

こういったそれぞれの髪質は、大きく分けて「クセの有無」「量」「硬さ」「太さ」の4つの要素が組み合わさり、影響し合うことで決まります。

このなかで、実際に髪型をつくるときにいちばん大きく影響するのが「クセの有無」だといえます。

「量」「硬さ」「太さ」が直接の原因となってつくるのが難しい髪型というのはあまりなく、そこは美容師さんのカット技術によってある程度カバーできるからです。

クセの有無を生かした髪型で、いつでも美容院帰りのように!

「クセの有無」を生かした髪型がなにより魅力的なのは、セットが簡単なこと!

ホットカーラーやアイロンなどの特別な道具は不要で、ドライヤーさえあれば、さっと簡単にきれいな髪型に仕上げられます。時間も手間もかけることなく、美容院帰

りのような髪型に自分でセットできるというわけです。

さらに、髪質を生かした髪型には、１日中キープしやすい、というメリットがあります。

隣の芝生は青く見えるもので、つい私たちは自分とは異なる髪質に憧れてしまいがちですが、髪の「クセの有無」は生まれもった個性のひとつです。

背の高い人にも低い人にもそれぞれの魅力があるように、「クセの有無」にもそれぞれにしか出せない魅力があります。

本書で紹介する髪型は、基本的にパーマなどは想定せず、「クセの有無」を生かしたものになっているので、ぜひ参考にしていただければと思います（62ページや、ヘアアレンジを紹介した81・87・93ページは除きます）。

なお「クセの有無」については、「髪質診断」（56〜59ページ）で確認できます。

髪型のルール

「骨格診断」×「髪質診断」のステップ

ここまでにお話ししてきたように、本書は自分自身の体型（骨格タイプ）と髪質（クセの有無）の特徴を見つけたうえで、最終的にはそれらの個性を生かした似合う髪型がわかる構成になっています。

ここでは本書の読み進め方について、簡単に紹介しておきますね。

手順 1

似合う髪型の見つけ方

「骨格診断」で体型の特徴を知る

Chapter2では、体型（骨格タイプ）の特徴について解説します。28ページからの診断ページで、セルフ診断をしてみてください。骨格診断の基本的な内容はもちろん、診断により導き出したあなたの骨格タイプに合った服や髪型のポイントも見つかります。

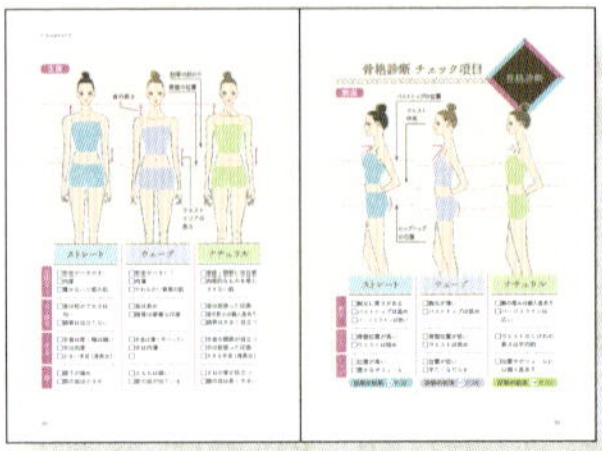

Chapter2 ➡ P.23

手順 2

「髪質診断」でクセの有無を知る

Chapter3では、髪質（クセの有無）の特徴について紹介します。57ページからの診断ページでセルフ診断をしてみてください。クセの有無による髪質の特徴の違いや、よくある髪のお悩みに関する解決策などが見つかります。

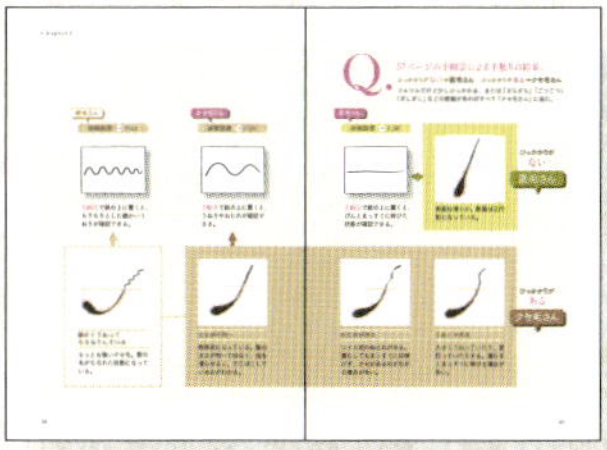

Chapter3 → P.51

手順 3

診断結果のかけ合わせから似合う髪型を知る

Chapter4では、体型（骨格タイプ）と髪質（クセの有無）の特徴を生かした、「あなたの個性を引き出す髪型」について紹介します。「骨格診断」と「髪質診断」の結果のかけ合わせは計6パターンあり、それぞれのパターンに似合う髪型を紹介します。

Chapter4 → P.69

Column

「顔の輪郭」と「髪型」のほろ苦い関係

髪型は「体型」の特徴に合っていることが大切だといわれても、「顔の輪郭」はやっぱり気になりますよね。自分は顔が長いから前髪をつくろうとか、エラが気になるからサイドの髪で隠そうとか、コンプレックスのある部分を隠したいという気持ちがどうしても大きくなってしまうということは、とてもよくわかります。

でも、「この顔型の人は、その特徴を隠すためにこの髪型」という基準を、みんながみんな参考にしなくてもいいのではないでしょうか。

たとえば丸顔の人がより丸顔を強調する髪型にすることで、若々しくピュアな魅力が一層引き立つ場合もありますよね。また、人によっては輪郭に合った髪型を意識しすぎることで、せっかくの個性が埋もれてしまい、なんだか平凡な印象になってしまう場合もあります。

もちろん、すべての人が個性を際立たせたいとは思っていないかもしれません。どちらにしても、顔の輪郭と髪型の関係がわかれば人に与える印象をある程度調節することができるので、基本的なことを知っておくと毎日のセットや髪型を決める際の助けになるでしょう。

顔の輪郭と髪型の関係については、102ページでわかりやすく図解しているので、参考にしてみてください。

Chapter
2

全身の美を叶える基本セオリー
骨格診断

骨格診断

生まれもった体型を輝かせる
骨格診断ってなに？

骨格診断とは、身体の「質感」と「ライン」の特徴から、〝生まれもった体型を最も美しく見せる〟ためのファッションや髪型を導き出すもの。診断結果は、「ストレートタイプ」「ウェーブタイプ」「ナチュラルタイプ」の3つの骨格タイプに分類されます。自分の骨格タイプに合った装いをすると、全身を引きで見た際のバランスが美しく整い、「着やせする」「垢抜けた印象になる」「女性らしさが引き立つ」などの効果があります。

〈質感の特徴〉

筋肉のつき方、脂肪のつき方に見られる特徴、関節の大きさに見られる特徴によって、人それぞれ身体の質感は異なり、次のように大きく分けることができます。

- ストレートタイプ ⇩ 筋肉を感じさせる、豊かなハリのある質感
- ウェーブタイプ ⇩ 脂肪を感じさせる、やわらかな質感
- ナチュラルタイプ ⇩ 骨格や関節が目立ち、肉付きを感じさせない硬質な質感

〈ラインの特徴〉

体のラインにも人それぞれ特徴があり、次のように大きく分けることができます。

●ストレートタイプ⇩立体感のあるメリハリボディ

●ウェーブタイプ⇩なだらかな曲線を描く、薄くて華奢なボディ

●ナチュラルタイプ⇩シャープなフレーム感のあるスタイリッシュボディ

各タイプの違いが特に表れやすいのは、重心位置（上半身と下半身のどちらにボリュームがあるか）、胸元の厚み、首の長さ、鎖骨や肩甲骨のでっぱり方、骨盤の後ろの筋肉の有無、ウエストの位置と長さ、手足の大きさ、膝のでっぱり方、後頭部の形などです。骨格診断ではこれらの特徴をもとに診断をしています。

引き目線でのバランスに自信あり！

骨格診断理論の大きな特徴は、全身を引きで見た際のバランスの美しさを重視している点にあります。体型の特徴を引き立て、スタイルアップして見えるファッションや髪型がわかるので、「太

って見える」「貧相に見える」「たくましく見える」などの悩みをすっきり解消してくれます。

骨格診断で具体的にわかること

骨格診断では似合うファッションアイテムの「形」と「素材感」がわかります。この2つの要素の組み合わせ方次第で服のシルエットが変わってくるため、体型の特徴を美しく引き立てる服を選ぶ際には外せないポイントとなります。

また全身を引きで見た際のバランスの美しさにもとづいた、似合う「髪型」もわかります。

たとえば首を長く見せたい場合は首まわりをタイトに絞った髪型にする、上半身が貧相に見えないようにしたい場合は胸元にボリュームを出した髪型にする、縦長のラインを強調したい場合はベリーロングにするなど、髪型によって全身のバランスを整えることができます。

骨格タイプは一生変わらない

生活習慣の変化や出産・加齢などによって体型が変わることはあっても、骨格タイプそのものは生涯変わりません。生まれもった身体の特徴によって筋肉や脂肪のつき方には特有のクセがあるため、太り方や痩せ方にも骨格タイプごとの特徴が表れます。

骨格診断

簡単セルフチェック！ 骨格診断のしかた

さあ、いよいよ骨格診断に進みます。次のページに３つの骨格タイプ「ストレート」「ウェーブ」「ナチュラル」の特徴をまとめました。

まずは自分の骨格タイプをセルフ診断してみましょう。28〜29ページで、いちばんチェックが多くついたタイプがあなたのタイプです。

どのタイプかあたりをつけたら、次に各タイプの詳細（32ページ以降）に進みます。

骨格診断で使う用語

ウエストエリアの長さ

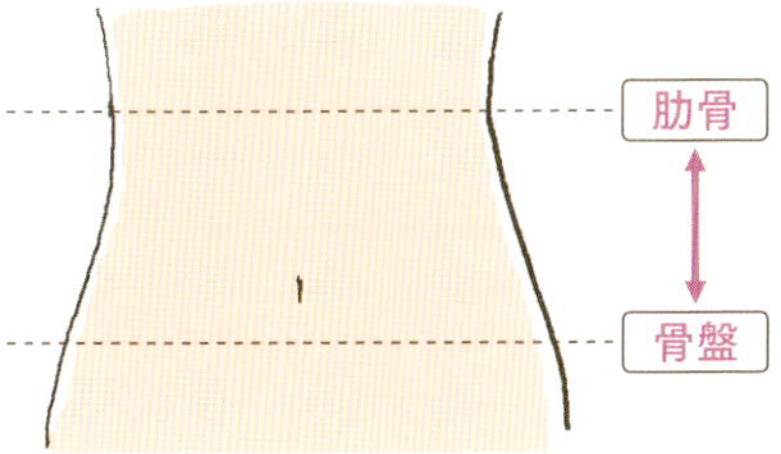

肋骨と骨盤の間隔が狭い人はウエストエリアが短く、逆に広い人はウエストエリアが長くなります。

バージスラインの幅

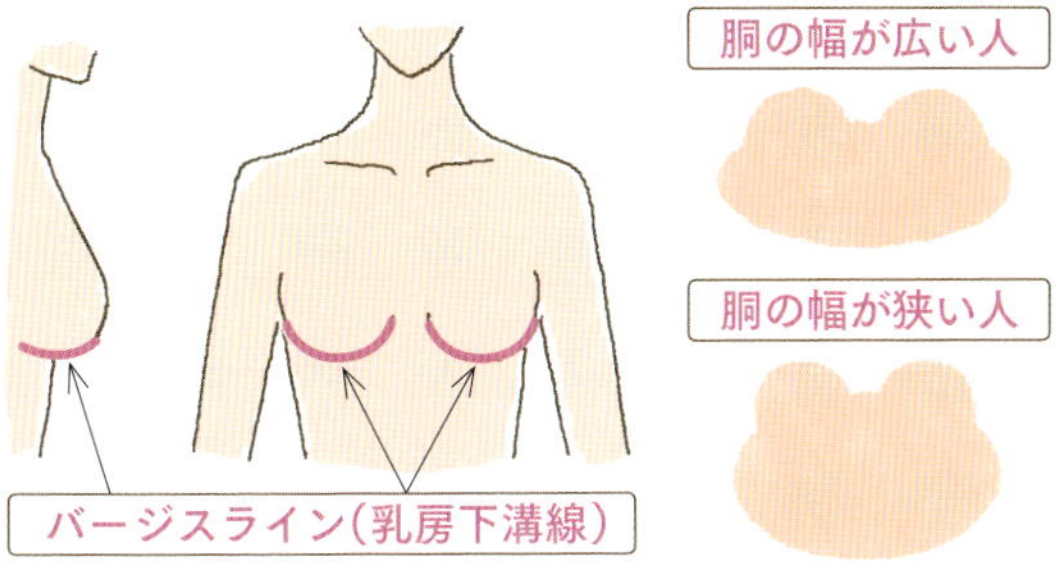

ブラジャーのサイズ（トップバストとアンダーバストのサイズ）が同じ２人でも、胴の厚みと幅の比率は人によって違います。胴の幅が広い人はバージスラインも広く、胴の幅が狭い人はバージスラインも狭くなります。胴の幅が狭い人はバストに厚みがあるので、服を着ると実際よりもバストが大きい印象になることも。

骨格診断 チェック項目

側面

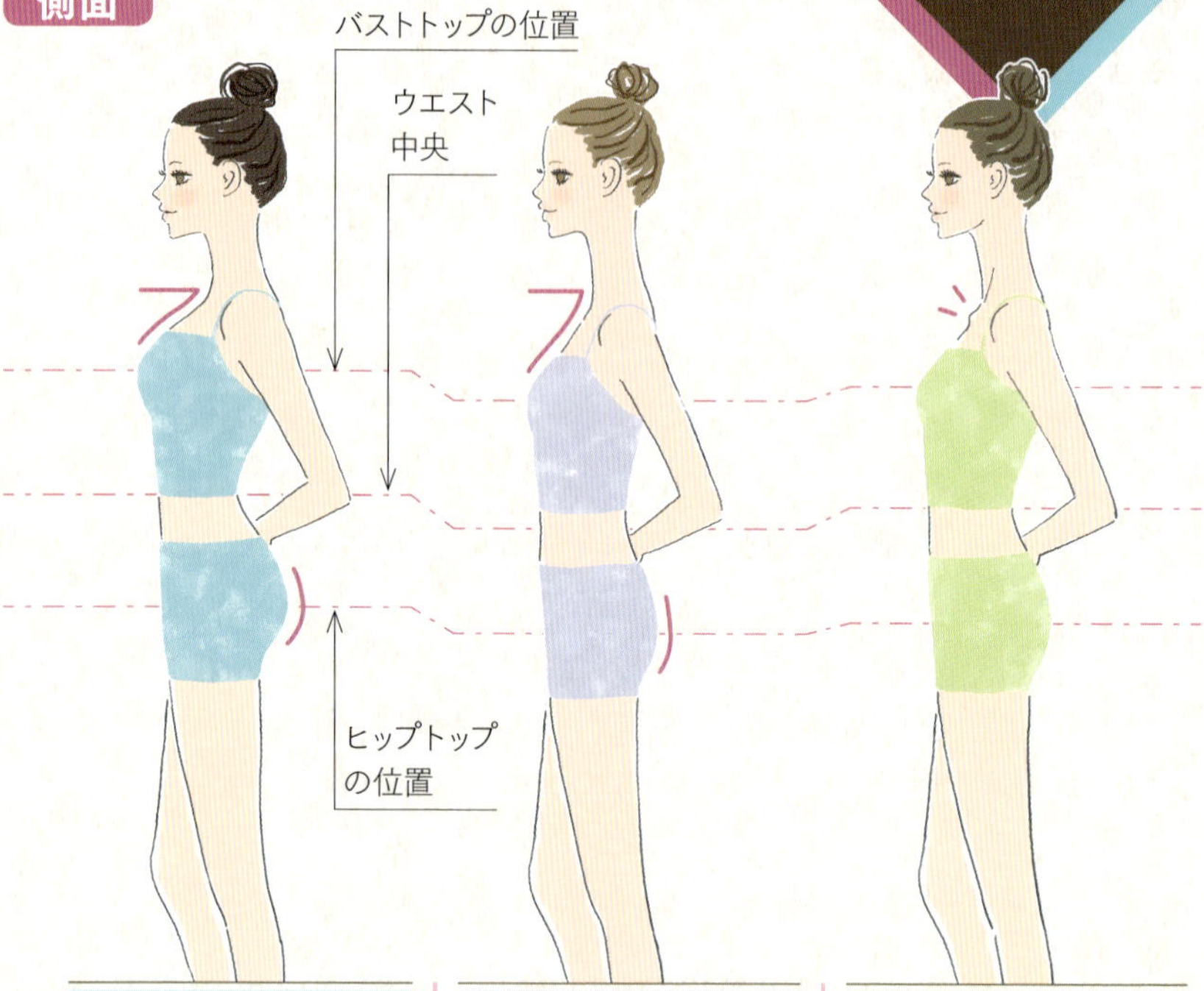

	ストレート	ウェーブ	ナチュラル
胸元	□胸元に厚さがある □バストトップは高め □バージスラインは狭い	□胸元が薄い □バストトップは低め	□胸の厚みは個人差あり □バージスラインは広い
ウエスト	□骨盤位置が高い □ウエストは短め	□骨盤位置が低い □ウエストは長め	□ウエストのくびれの長さは平均的
ヒップ	□位置が高い □豊かなボリューム	□位置が低い □平たくなだらか	□位置やボリュームには個人差あり
	診断の結果 → P.32	診断の結果 → P.38	診断の結果 → P.44

正面

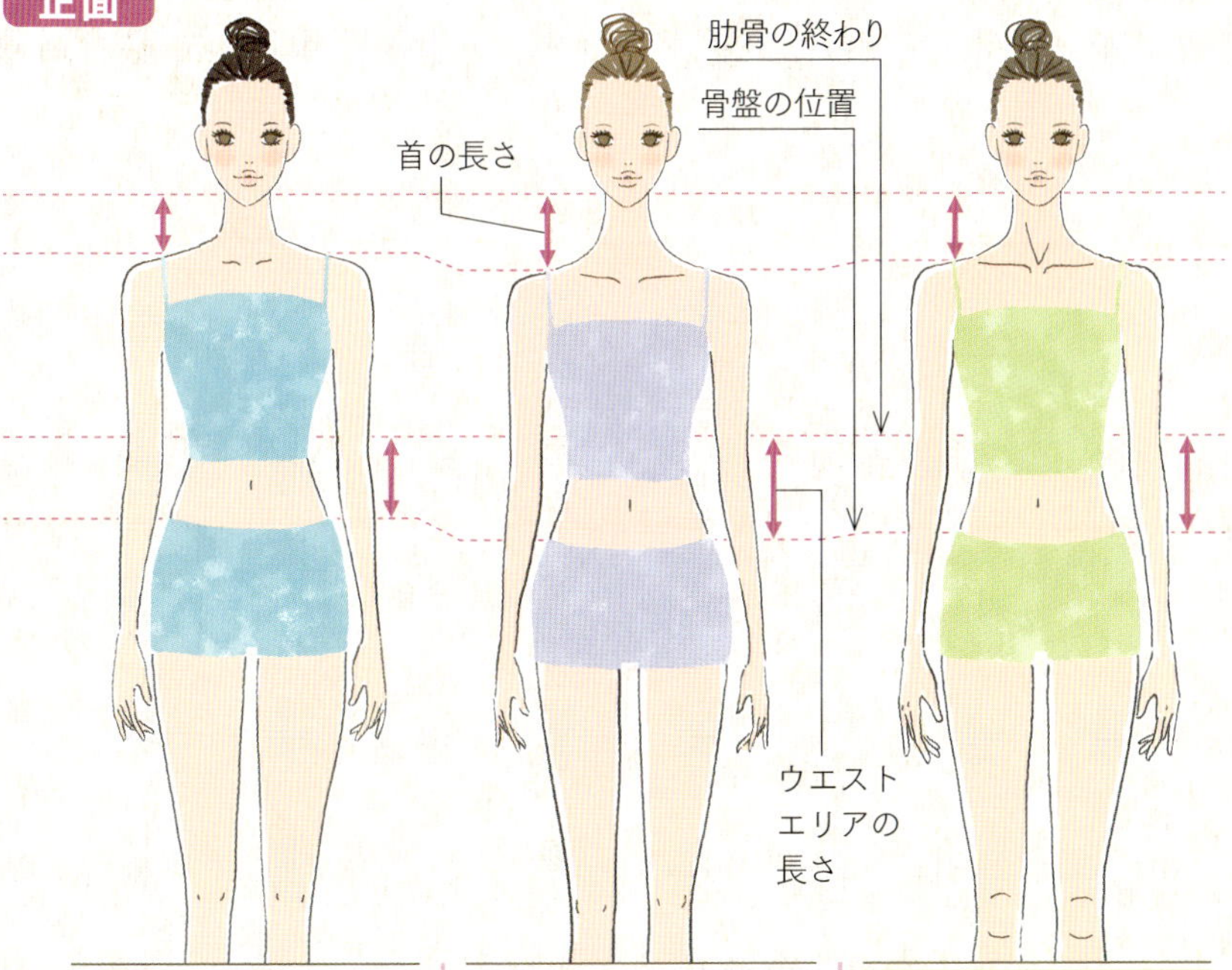

	ストレート	ウェーブ	ナチュラル
質感など	□筋肉がつきやすい □肉厚 □豊かなハリ感の肌	□筋肉がつきにくい □肉薄 □やわらかい質感の肌	□骨格・関節に存在感 □肉感的なものを感じさせない肌
首・鎖骨	□首は短めで太さは均一 □鎖骨は目立たない	□首は長め □鎖骨は華奢な印象	□首は筋張った印象 □首の長さは個人差あり □鎖骨は大きく目立つ
手足	□手首は厚く幅は細い □手は肉厚 □小さい手足（身長比）	□手首は薄く平べったい □手は肉薄 □手足の大きさは身長相応	□手首の関節が目立つ □手は筋張った印象 □大きな手足（身長比）
脚	□膝下が細め □膝の皿は小さめ	□太ももは細い □膝の皿が出ている	□すねの骨が目立つ □膝の皿は長く大きい

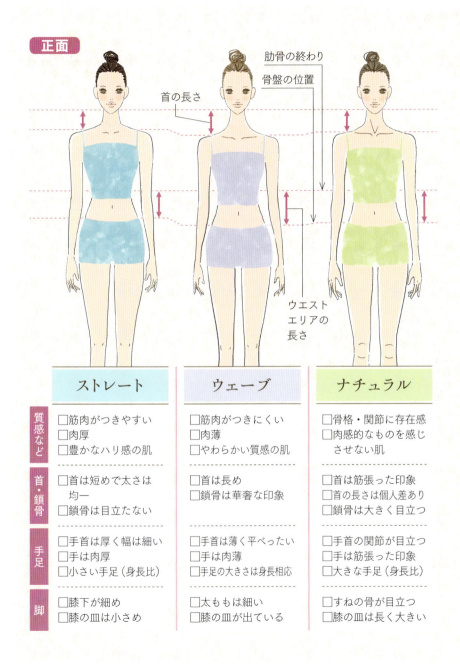

骨格診断

自分がどのタイプかわからない！ 診断に迷うときは

前ページの診断で、ご自分の骨格タイプは見つかったでしょうか。

もしも、どのタイプかわからない、もしくは同じくらいの項目数にチェックがついたタイプがある……という方のために、ここでは診断のコツを紹介したいと思います。

思い込みは外して客観的に

私がふだん接するのは、20代から60代と幅広い年齢層のお客さままでです。どの方もその年代の魅力と、もって生まれた身体の特徴の美しさを兼ね備えていらっしゃいます。でも、多くの方は〝自分の理想とは異なると感じている部位に、シビアに目を向けがち〟という傾向があります。

「肩幅が広すぎる」「下半身が太くてアンバランス」などとお話しされる方でも、実際に診断してみると、そんなことはないケースがほとんど。

なかなか自信がもてないというお気持ちもよくわかりますが、正確なセルフ診断に必要なのは客観的な視点です。たとえば、大勢の友人と一緒に撮った写真を見れば、

人それぞれの首の長さの違いなどはとてもわかりやすく、意外と参考になるものです。このような視点で、自分の体型の特徴を冷静に客観的に観察してみてください。

着比べるとわかりやすい

ただ実際にプロの目から見ても、診断が難しい体型の方がいることは事実です。

診断に迷った際には、35・41・47ページに紹介してある各タイプに似合う服を参考に、実際に着比べてみてください。全身のバランスが整いスタイルがよく見えるのはどのタイプの服なのかを、鏡で確認してみましょう。

なお、骨格タイプに合っていない服を着ると、ストレートタイプは太って見える、ウェーブタイプは貧相に見える、ナチュラルタイプはたくましく見えることが多いので、こちらも目安にしてみてください。

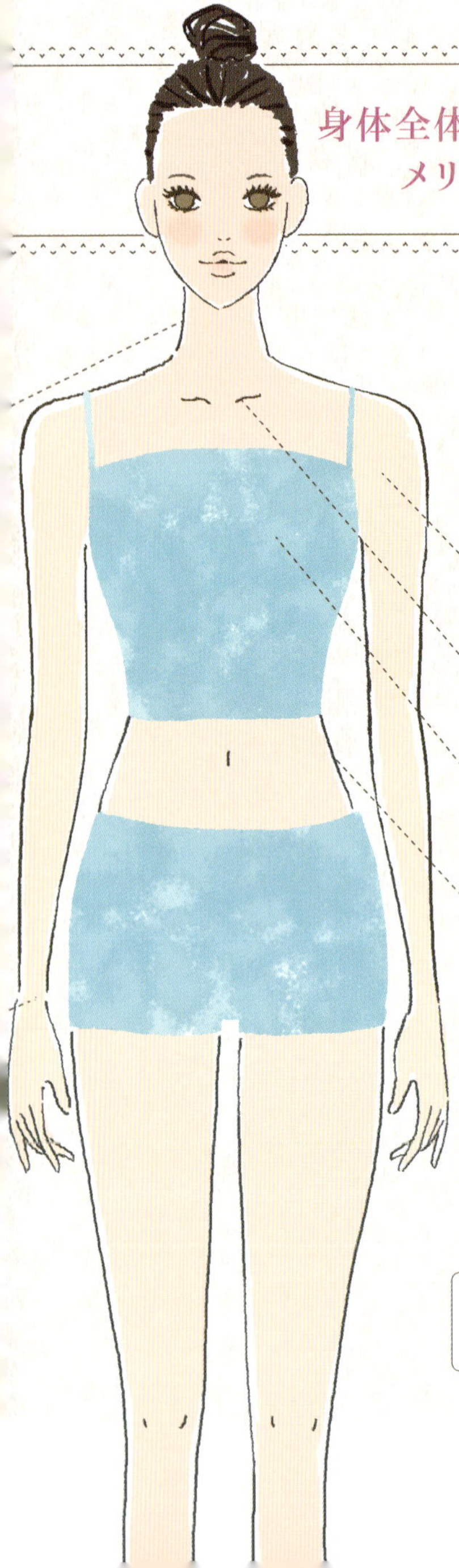

骨格診断結果
ストレートタイプ

身体全体に厚みがあり、
メリハリのある体型

Body

- □ 筋肉がつきやすい体質の人が多く、肉厚で豊かなハリ感のある肌
- □ 鎖骨はあまり出ていない（痩せていても目立たない）
- □ 胸元に厚さがありバストトップの位置は高め。バージスラインが狭い
- □ 骨盤位置が高くあばら骨との間隔が短いため、ウエストエリアは短め
- □ 痩せても身体に厚みがあり、華奢な印象にならない
- □ 重心位置が高く上半身にボリュームがある

ストレートタイプの有名人イメージ
米倉涼子さん、上戸彩さん、武井咲さん

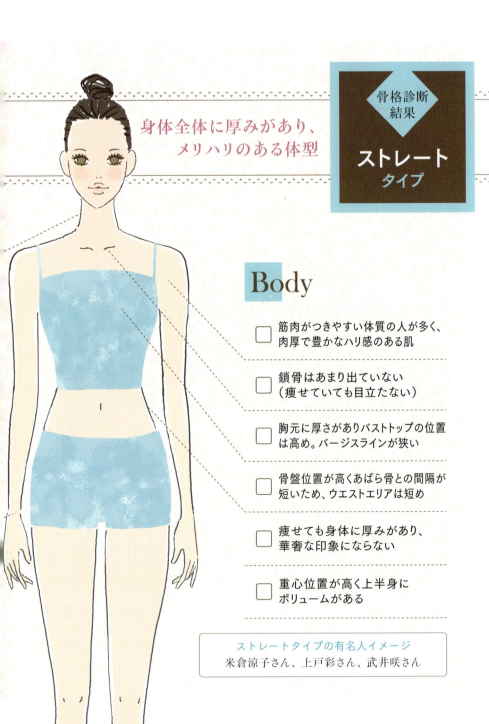

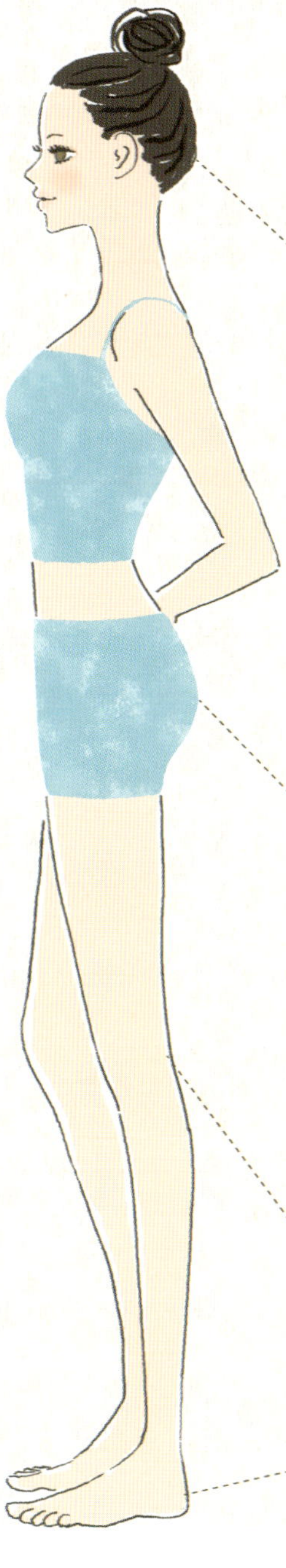

Head

□ 後頭部に丸みがある（絶壁ではないのでポニーテールにしてもきれい）

Neck

□ 首は短めで太さは均一な印象

Hip

□ ヒップの位置は高く豊かなボリュームがある

Hand & Foot

□ 手首は厚みがあり丸く、幅は細め。肉厚で小さな手

□ ハリのある太ももに比べると膝下は細い印象。膝の皿は小さくほとんど出ていない

□ 靴のサイズは身長のわりに小さめ

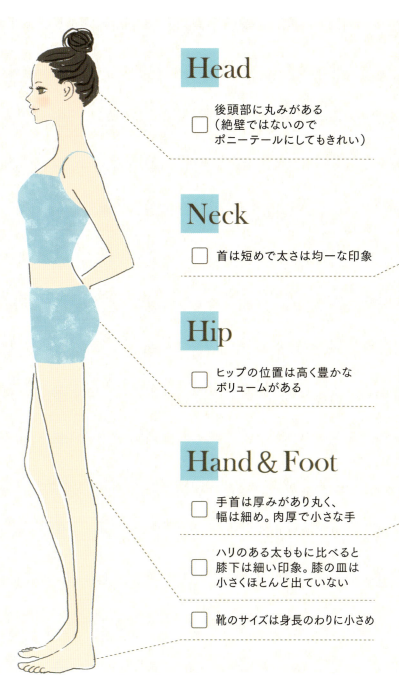

ストレートタイプ 服装

骨格診断

シンプル＆きれいめが思いのまま

肉厚で豊かなハリ感のあるメリハリ体型。健康美があふれる存在感のある身体に映えるのは上質な服。クラス感のある引き算のコーディネートが◎。

似合う「素材感」

ほどよい厚みとしなやかなハリ感のある上質な素材で、高級感のあるものが似合います。

たとえば綿ならポプリンやオックスフォード、ウールならハイゲージニットやサキソニー、シルクならシルクジャージー、レーヨンやポリエステルなら綿との混紡織物など（※）。

似合う「形」

ほどよく身体のラインを拾うちょうどよいサイズ感の服は、立体感のあるメリハリ体型を美しく引き立てます。

一方、身体にぴったりフィットする細身の服はむっちり太って見え、逆にゆったりめの服は身体が丸っぽい印象になり、実年齢よりも老けて見えがちなので要注意。服を購入する際には試着してサイズ感を確認しましょう。

重心の位置が高いので、詰まった印象にならないよう、短い着丈のトップスは避けます。ネックラインはVネックなどで縦長の肌見せラインをつくるとすっきりしてスリムに見えます。

おすすめのコーディネート

ベーシックなVネックニットに、きれいめのストレートデニムや膝丈のタイトスカートを合わせたシンプルな装いが似合います。ニットは網目の細かいハイゲージのもので、春夏ならシルクやコットン、秋冬ならカシミヤやウールがおすすめ。

パールのネックレスやかっちりとした本革のバッグを合わせてクラス感を出すと洗練された印象になります。

※同じ素材でも織り方によって「素材感」はさまざまなため、
あくまで質感で判断してください。

Items

得意とするイメージ

シンプル、
ベーシック、高級感、
クール、シャープ

コーデ

ハンサムなコーディネートは、あえて淡いトーンの色でまとめるとお堅い印象にならずおしゃれ。

ピアス

フープピアスは肉厚で直径はあまり大きくないものが似合います。ひとつもっておくと服装を選ばず使えて便利。

ブレスレット

クラス感を出すなら上質なレザーブレスレットがおすすめ。腕時計と重ねてつけても素敵。

指輪

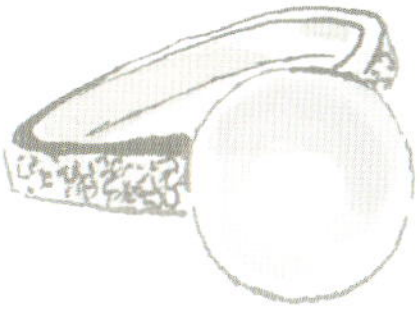

他の真珠を圧倒する大きさの南洋真珠の指輪なら、上品＆ゴージャスを叶えてくれるのでおすすめ。

ストレートタイプ 髪型

骨格診断

クラス感のある上品ヘアが映える

ストレートタイプに似合うのは、クラス感のある上品な髪型。

首まわりをタイトに絞ると、短めの首を長く見せられます。さらにデコルテ（首から胸元）をすっきり見せれば、上半身の厚みが強調されることなくスリムな印象に。首まわりとデコルテのボリュームをおさえることがポイントとなります。

全体はややタイトなフォルムにまとめると、上重心が緩和され全身のバランスがよくなります。

逆にボリュームたっぷりのフォルムは、上半身が大きく見えアンバランスな印象になりがちなので注意。

おすすめはショートヘア

最もおすすめなのはショートヘア。トップと後頭部にボリュームを出し、首まわりはすっきりさせた裾絞り形のフォルムで、全体がひし形になるようにすると、洗練された印象に。

カジュアルなイメージにしたくない場合は、サイドの髪をあごのあたりまで残し、前下がりのラインをつくると上品で知的な印象になります。これなら輪郭が覆われるので、ショートヘアにしたことがない方でもトライしやすいと思います。明るくチャーミングに見せたい方は、サイドの髪も短くしたショートヘアがおすすめです。

ショート以外の場合は

一方、ミディアム～セミロングの長さは、首まわりやデコルテにボリュームが出やすく、上半身が詰まった印象になりやすいため、なるべく首の位置で絞った形がよいでしょう。

長くするなら縦長のフォルムがつくりやすいロングまで伸ばしたほうが◎。艶感のある上品なストレートロングヘアがおすすめです。

Basic

基本スタイル

クラス感のある上品な髪型

- 首まわりはタイトに絞る
- デコルテはすっきり見せる
- タイトなフォルム

直毛さん

→ P.76

ショート

ミディアム
〜セミロング

ロング

クセ毛さん

→ P.78

ショート

ミディアム
〜セミロング

ロング

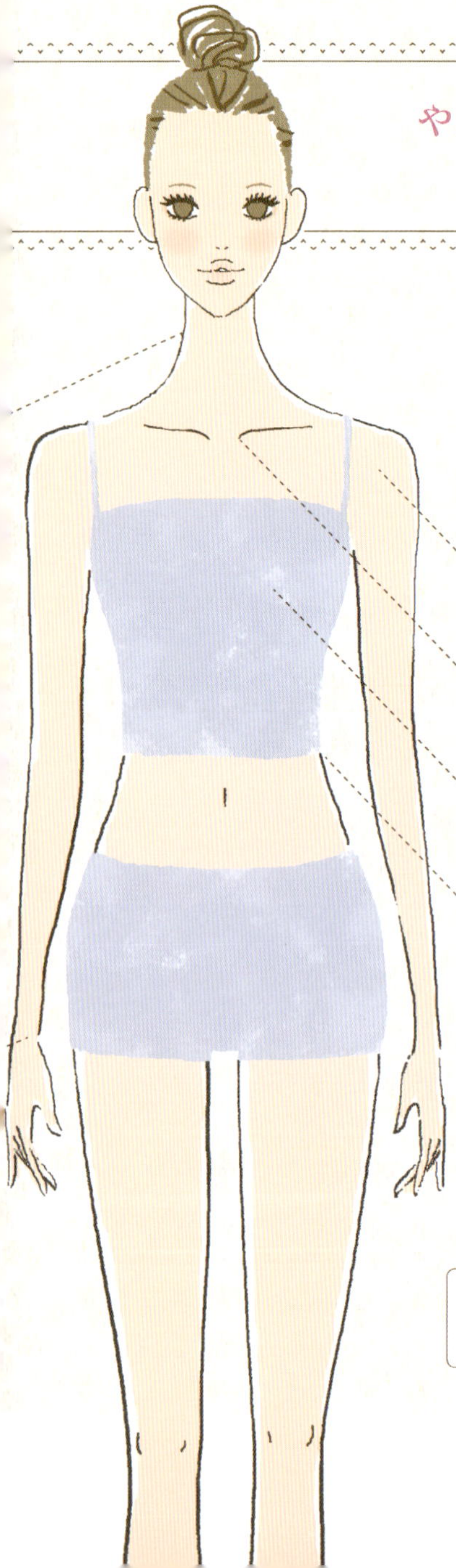

骨格診断結果

ウェーブタイプ

やわらかな質感の華奢な体型

Body

- □ 筋肉がつきにくい体質の人が多く、肉薄でやわらかい質感の肌
- □ 華奢な印象の鎖骨が出ている
- □ 胸元が薄くバストトップの位置は低め
- □ 骨盤位置が低くあばら骨との間隔が長いため、ウエストエリアは長め
- □ 太っても上半身の華奢な印象は変わらず、下半身に脂肪がつきやすい
- □ 重心位置が低く、下半身にボリュームがある

ウェーブタイプの有名人イメージ
北川景子さん、水原希子さん、桐谷美玲さん

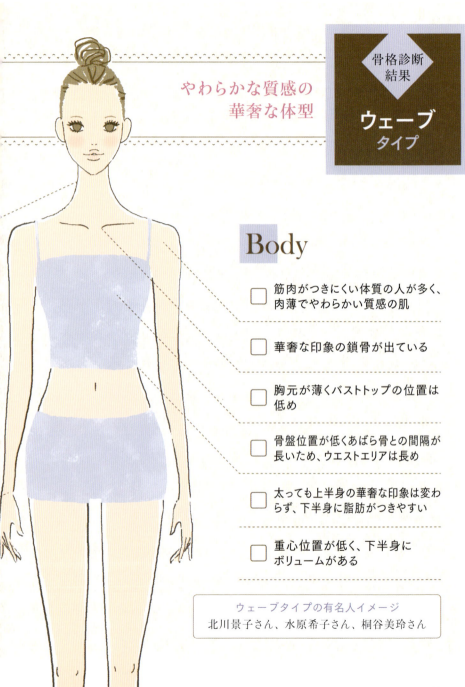

Head

- [ ] 後頭部は平面的な場合が多い（絶壁でポニーテールは苦手）

Neck

- [ ] 首は長めでつけ根に向かってなだらかに広がっている

Hip

- [ ] ヒップの位置は低くなだらかな印象

Hand & Foot

- [ ] 手首は薄くて平べったい。肉薄の手
- [ ] 太ももはスラリと細い印象。膝の皿が出ている
- [ ] 靴のサイズは身長相応

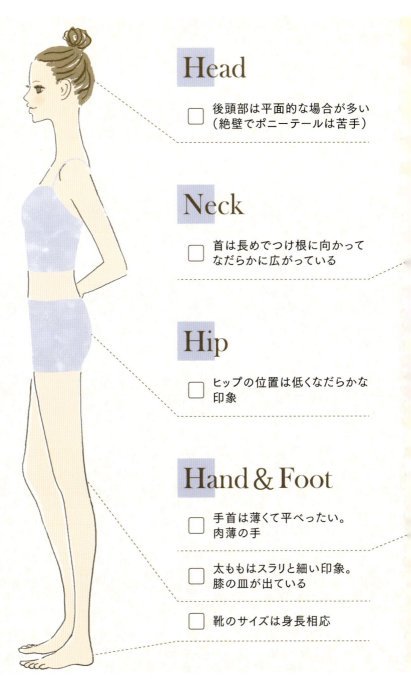

ウェーブタイプ 服装

骨格診断

やわらかな素材でフェミニン宣言

やわらかい質感の薄くて華奢な体型。女性らしい繊細な美しさを感じさせる服がよく映えます。足し算のコーディネートで華やかにまとめるのがコツ。

似合う「素材感」

ソフトな素材や薄手で繊細なもの、または空気を含みふっくらとボリューム感のあるものが似合います。

たとえば綿ならシアサッカーや別珍、ウールならファンシーツイードやハイゲージニット、シルクならシフォンやベルベット、ポリエステルならジョーゼットやフェイクスエードなど（※）。

似合う「形」

ボディコンシャスなシルエットをつくるコンパクトなつくりの服は、なだらかな曲線を描く華奢な身体を美しく引き立てます。

エアリーなボリューム感のある服も似合いますが、着る際にはトップスかボトムのどちらか一方にとどめ、もう一方をタイトなシルエットにするとバランスよくまとまります。

また重心の位置が低いので脚が短く見えないよう、トップスは着丈が短いものを選ぶと、スタイルアップ効果があります。チュニックなど着丈の長いトップスならハイウエスト切り替えのデザインを選び、ショートパンツなどコンパクトなボトムを合わせましょう。

おすすめのコーディネート

春夏ならシフォンのブラウス、秋冬ならアンゴラやモヘアのニットに、それぞれタイトスカートを合わせます。

またはコンパクトなハイゲージニットにやわらかなフレアスカートを合わせるなど、トップスとボトムを「ふんわり」×「ぴったり」で組み合わせるとおしゃれな印象になります。

※同じ素材でも織り方によって「素材感」はさまざまなため、あくまで質感で判断してください。

Items

得意とするイメージ

フェミニン、スイート、
キュート、フェアリー、
ボディコンシャス

コーデ

大人っぽいフェミニンコーデならレース素材のタイトスカートがおすすめ。膝下丈を選ぶと上品な印象。

ピアス

ピアスは華奢なデザインを。揺れるタイプのロングピアスなら顔まわりが華やかな印象に。

ブレスレット

一粒ダイヤの華奢なブレスレット。手を動かすたびにさりげなくキラキラ輝いて素敵。

指輪

遊び心のある指輪で個性を出してもおしゃれ。お花やハートなど甘さのあるモチーフもよく似合う。

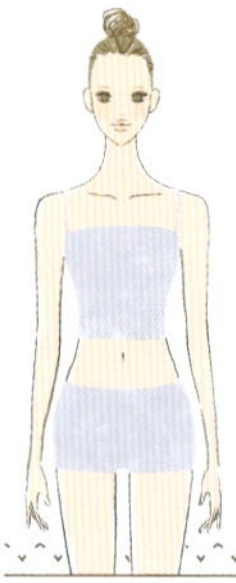

骨格診断

ウェーブタイプ 髪型 エアリー感のある華やかヘアが映える

ウェーブタイプは、髪の長さにかかわらず、首まわりとデコルテ部分にやわらかいボリューム感を出すことがポイント。

貧相に見えがちな長めの首と薄くて華奢なデコルテに、ふんわり髪がかかることで、女性らしい可憐な印象になります。

逆にボリュームをおさえたタイトなフォルムは、上半身の薄さがひときわ目立つことで下半身が重く見えてしまい、アンバランスな印象になりやすいので気をつけましょう。

おすすめはセミロング～ロング

おすすめなのはセミロング～ロングの長さです。

首まわりとデコルテにふんわりとしたボリュームを出し、セミロングならひし形フォルムを、ロングなら下重心のひし形フォルムをつくると、華奢な体型だからこそ演出できるやわらかな女性らしさが際立ちます。

ただロングの場合、長すぎると身体の下重心が強調されがちなので、伸ばしてもバストトップにかかるくらいの長さにとどめておいたほうがいいでしょう。

ショートはやや苦手

一方、ショートヘアは地味で物足りない印象になりやすいため、やや苦手な髪型です。

短くする場合でも、首の長さが強調されてアンバランスに見えないよう、なるべく肩にかかるくらいの長さを残しましょう。またタイトなフォルムは貧相に見えがちなので、下重心のひし形フォルムをつくるようにします。

イヤリングやネックレスをつけたり、華やかなトップスを選ぶなど、首まわりを寂しく見せない工夫が必要です。

Basic

基本スタイル

**エアリーな
ボリューム感のある
華やかな髪型**

- 首まわりはふんわりと覆う
- デコルテに毛先がたまる
- ショートヘアは苦手

直毛さん

➡ P.82

ショート～ミディアム　｜　セミロング　｜　ロング

クセ毛さん

➡ P.84

ショート　｜　ミディアム～セミロング　｜　ロング

※ウェーブタイプの直毛さんはショートが得意ではないため、
短い髪型としてはミディアムをおすすめしています。

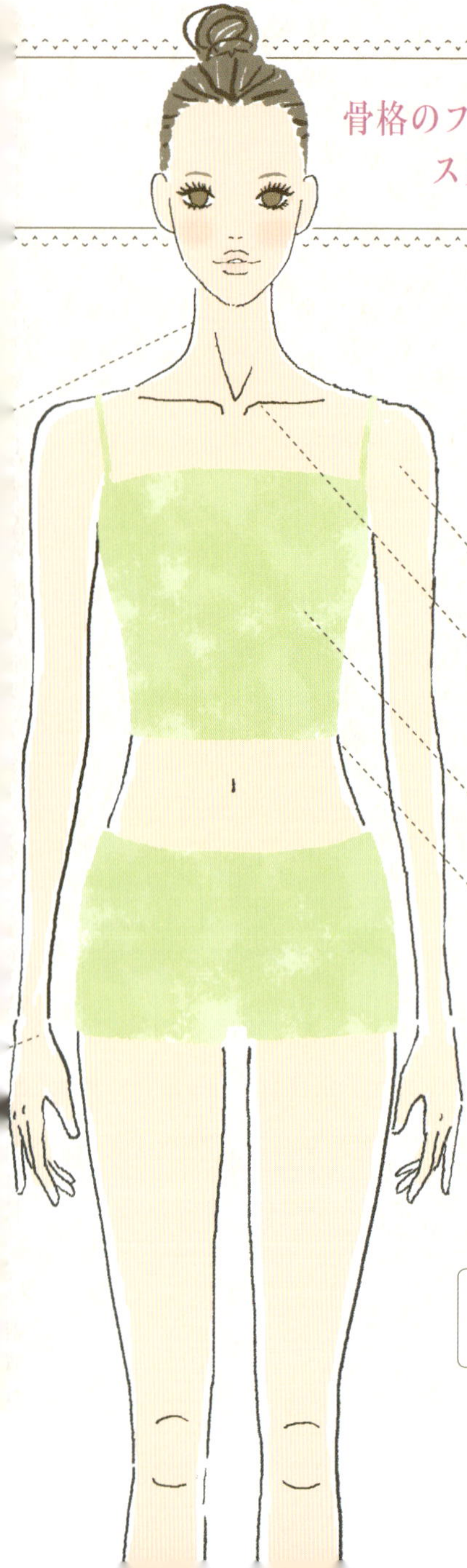

骨格診断結果

ナチュラルタイプ

骨格のフレーム感が目立つ
スタイリッシュな体型

Body

- □ 筋肉や脂肪以上に骨格と関節に存在感があり、肉感的なものを感じさせない
- □ 鎖骨は大きくくっきりと出ている
- □ バージスラインが広く、インポートのブラジャーのほうが身体に合うことが多い
- □ ウエストエリアの長さは平均的
- □ 身体の厚みは個人差が大きく厚い人も薄い人もいる
- □ 極端に太ったり痩せたりすることがあまりない

ナチュラルタイプの有名人イメージ
天海祐希さん、中谷美紀さん、道端ジェシカさん

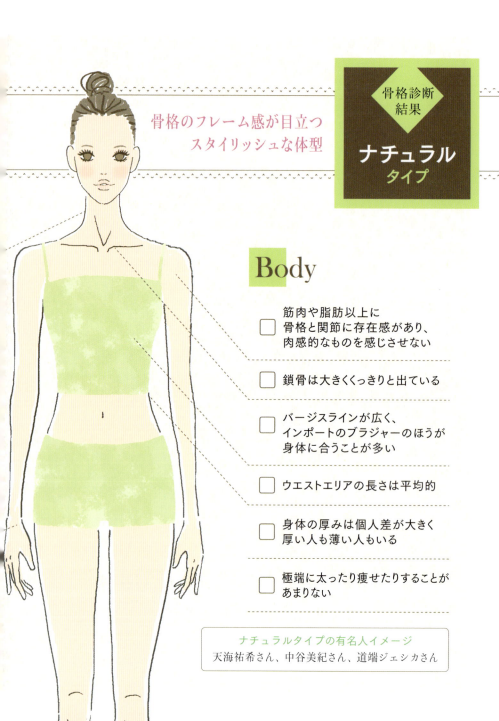

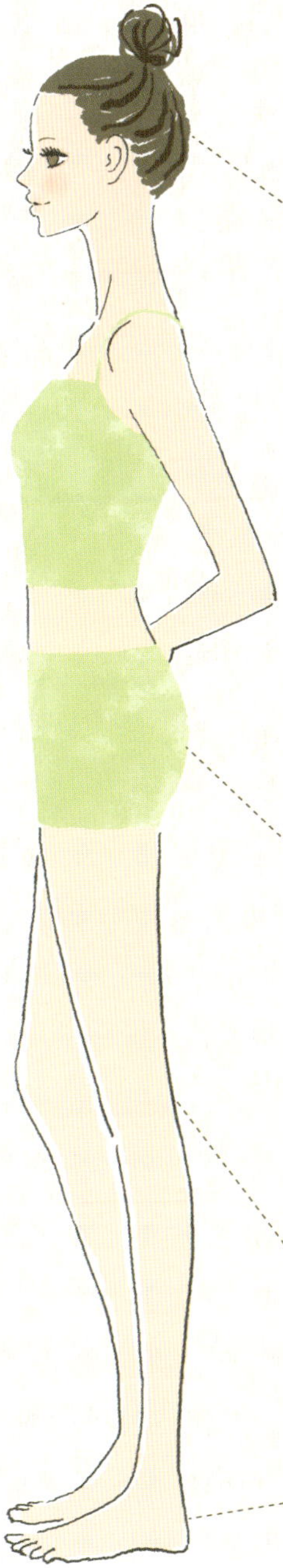

Head

- □ 鉢が大きい。頬骨が大きく、目立つ

Neck

- □ 筋張った印象の首で、長さは個人差がある

Hip

- □ ヒップの位置やボリュームには個人差がある

Hand & Foot

- □ 手首の関節が大きく目立つ。筋張った印象の大きな手
- □ すねの骨が目立つ。膝の皿は長く、大きく出ている
- □ 靴のサイズは身長のわりに大きめ

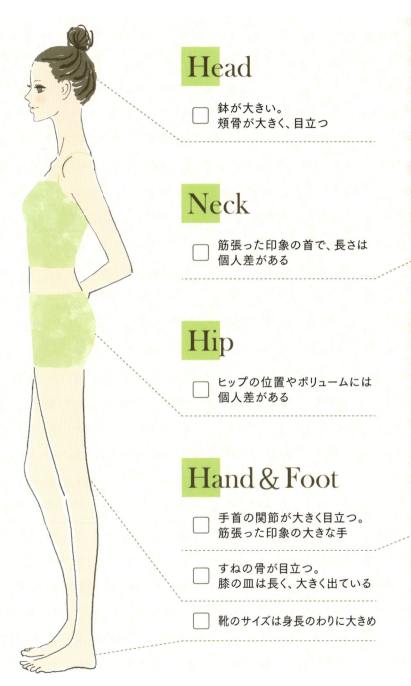

ナチュラルタイプ 服装

骨格診断

カジュアルでもにじむ色気とこなれ感

骨格や関節に存在感があり、肉感的なものを感じさせない体型。身体のラインを拾わないゆったりしたデザインの服を着ると垢抜けた印象に。

似合う「素材感」

風合いのある素材やカジュアルな素材で、洗いざらしの質感、シワ感、シャリ感などがあるものが似合います。

たとえば綿ならダンガリーやコーデュロイ、ウールならブリティッシュツイードやローゲージニット、シルクならインドシルクやシャンタン、麻ならキャンブリックやシャンブレー、ポリエステルなら麻との混紡織物など（※）。

似合う「形」

幅も長さもたっぷりとある大きなつくりの服で、直線断ちで仕立てたようなつくり込まない形のものを着ると、持ち前の身体のフレーム感が美しく際立ちます。ウエストの絞りはないほうがいいので、ベーシックなTシャツやニットなら男性用を着てみても◎。

長さを感じさせる着こなしをするとバランスが整うので、トップスは着丈が長いもの、ボトムは膝下〜マキシ丈のものが似合います。

ロングカーディガンやロングマフラーなどでさらに長さを強調するとスタイリッシュな印象になります。

おすすめのコーディネート

春夏なら綿紗（ガーゼ）やリネンのブラウス、秋冬ならウールのアランセーターやカウチンセーターに、それぞれワイドパンツやボーイフレンドデニムを合わせた、大人のカジュアルスタイルが似合います。

アウターは、ポンチョやモッズコートなどのラフなアイテムをもってくると、こなれたおしゃれ感が出せます。

※同じ素材でも織り方によって「素材感」はさまざまなため、
あくまで質感で判断してください。

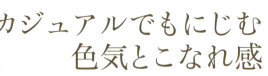

Items

得意とするイメージ

カジュアル、ゆったり、
ラフ、エフォートレス、
ナチュラル、リラックス感

コーデ

セットアップニットの大人カジュアルコーデ。ネイティブ柄のストールもモノトーンなら取り入れやすい。

ピアス

ちょっとエスニックな雰囲気のある大振りピアスでほどよく個性的に。ピアスは大きいサイズが基本。

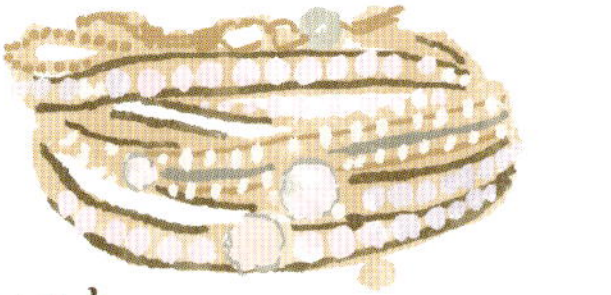

ブレスレット

ストーンやウッドビーズを編み込んだ革紐ブレスレット。長めのものをぐるぐると巻きつけるとおしゃれ。

指輪

シンプルな服には大振りなターコイズの指輪を合わせると素敵。青色〜緑色のさまざまな色があるので好みの色を探すのも楽しい。

骨格診断

ナチュラルタイプ 髪型

ラフ感のある無造作ヘアが映える

ナチュラルタイプは、髪の長さにかかわらず、無造作でラフなスタイルにすることがポイント。こだわりたいのは髪の質感です。

自然乾燥で乾かしたようなナチュラル感や、まばらで不揃いなパーマ風など、素朴な質感にするとおしゃれな印象になります。

一方、デコラティブな巻き髪などのつくり込んだスタイルはぎこちなく見えがちです。

あえてワイルドな雰囲気に

伸ばした髪をそのままばっさり切り落としたような無造作なフォルムで、裾広がりのAラインをつくるのがおすすめです。

髪を長くすることでボリュームがおさまっていくタイプの方なら、髪質を生かした自然なIラインも似合います。

一方、計算されたレイヤーカットによってつくられるひし形のフォルムなどのつくり込んだスタイルは、どこかちぐはぐな印象になりがちです。

スタイリングの際にも、きれいにまとめようとはせず、あえて少しワイルドな感じに仕上げるとリラックス感のある大人の色気が引き立ちます。

おすすめはロングヘア

顔の雰囲気などによる個人差こそあるものの、基本的に似合わない長さはありませんが、おすすめしたいのはロングヘアです。

ロングカーディガン・マキシワンピ・ロングネックレスなど、長さのあるアイテムを身につけると垢抜けて見える体型バランスをしているため、髪型でも長さを強調するロングヘアにするとスタイリッシュな印象になります。

アンダーバストまで長く伸ばしても似合います。

Basic

基本スタイル

ラフ感のある無造作な髪型

- 自然乾燥で乾かしたようなナチュラル感
- まばらで不揃いなパーマ感
- つくり込まないフォルム

直毛さん

→ P.88

ショート　ミディアム〜セミロング　ロング

クセ毛さん

→ P.90

ショート　ミディアム〜セミロング　ロング

Column

本書を読むうえで役立つ用語解説

用語	解説
骨格診断	身体の「質感」と「ライン」の特徴から似合うファッションや髪型を導き出すもの
身体の質感	ボディタッチしたときの感触の違いで、骨格タイプごとに特徴がある
骨格タイプ	骨格診断による体型の分類のことで「ストレート」「ウェーブ」「ナチュラル」の3つのタイプがある
上重心の体型	下半身よりも上半身にボリュームがある体型
下重心の体型	上半身よりも下半身にボリュームがある体型
素材感	素材のもつ質感のこと。布地の場合は、素材が同じでも織り方によって素材感は異なる
クラス感	ワンランク上の上質さや気品を感じさせるさま
ハリ感のある身体	筋肉による豊かな弾力のある身体
やわらかい質感の身体	脂肪によるやわらかさのある身体
フレーム感のある身体	骨格や関節が大きく目立ち、シャープなアウトラインをもつ身体
貧相に見える	華奢な体型が、似合わない服装によって貧弱に見えるさま
バージスライン	乳房のつけ根のライン（詳細は27ページ）
無造作感のある髪型	つくり込んだ印象のないラフな髪型
ハンドドライ	ブラシは入れずに手だけをつかってドライヤーで乾かす方法

※頭部の各部と、髪の長さの名称については、68ページで紹介します。

Chapter
3

生まれもった髪の魅力がわかる
髪質診断

髪質診断

「クセの有無」を生かして美しく 髪質診断ってなに？

18ページで紹介したように、人それぞれの髪質の違いは、大きく分けて「クセの有無」「量」「硬さ」「太さ」の4つの要素が複合的に影響し合うことで決まります。

けれど、美容師さんでもないかぎり、あまり他人の髪に触れる機会などないので、たとえ自分自身の髪であっても、毛量や硬さ、太さなどについて客観的に見極めることはなかなか難しいものでしょう。

髪型に影響を与えやすい「クセの有無」

そこで本書では、自分で判断しやすい「クセの有無」による髪質の違いに着目して、直毛かクセ毛か、という2パターンに分類します。

「クセの有無」によって、つくりやすい髪型は大きく分かれるからです。

「量」「硬さ」「太さ」が直接の原因となるつくりにくい髪型というのは実はあまりなく、そこは美容師さんのカットによる工夫で、ある程度はどうにかなります。

こういうお話をすると、

「クセの有無を生かした〝つくりやすい髪型〟よりも〝憧れの髪型〟のほうが心惹かれるのだけど……」

という声が聞こえてきそうです。

たしかに、直毛に憧れて縮毛矯正をかけたり、外国人風のラフな髪型に憧れてパーマをかけたりすることもありますよね。

髪質を無視した髪型は、持久力がない？

直毛の方の場合、エアリー感や動きのある髪型に憧れてパーマをかけても、根元部分が伸びてくるにつれて、「ぺたんこ髪」になりやすいという悩みをよく伺います。

また前髪にまつわる悩みとしては、斜め前髪に憧れて、ドライヤーで前髪にカーブをつけて横に流しても、夕方にはすとんと落ちてきてしまうという話もよくお聞きします。

一方クセ毛の方の場合は、サラサラとした髪の流れが美しいまっすぐな直毛に憧れ、縮毛矯正やストレートパーマをかけた経験のある方は少なくないかと思います。ただサラサラ感をキープするためには、定期的に縮毛矯正やストレートパーマをかけ続ける必要があるので、それが負担になってきて続かなかったという声も。

もちろん美容院には頼らず、自分でヘアアイロンを使ってまっすぐに髪を伸ばすというやり方もあります。でもスタジオでの写真撮影などの限られたシーンならともかく、日常生活においては少し湿度が高かったりすればあっという間に元のクセが出てきてしまい、長持ちしないのが悩ましいところです。

つまり髪質に合わない髪型は、それをきれいに保ち続けることがとても大変な場合が多いのです。仕事が忙しくなったり、結婚や出産を経て生活スタイルが変わったりすれば、以前ほど自分の髪に時間をさけなくなることもあるでしょう。

このように考えると、「もともとの髪質を生かしつつ自分に似合う髪型がいちばん！」ということになるのではないでしょうか。

あなたはどっち？　「直毛さん」と「クセ毛さん」

57ページから髪質をセルフ診断する方法を紹介します。

前述したように、ここでは診断結果を大きく分けて「直毛さん」と「クセ毛さん」

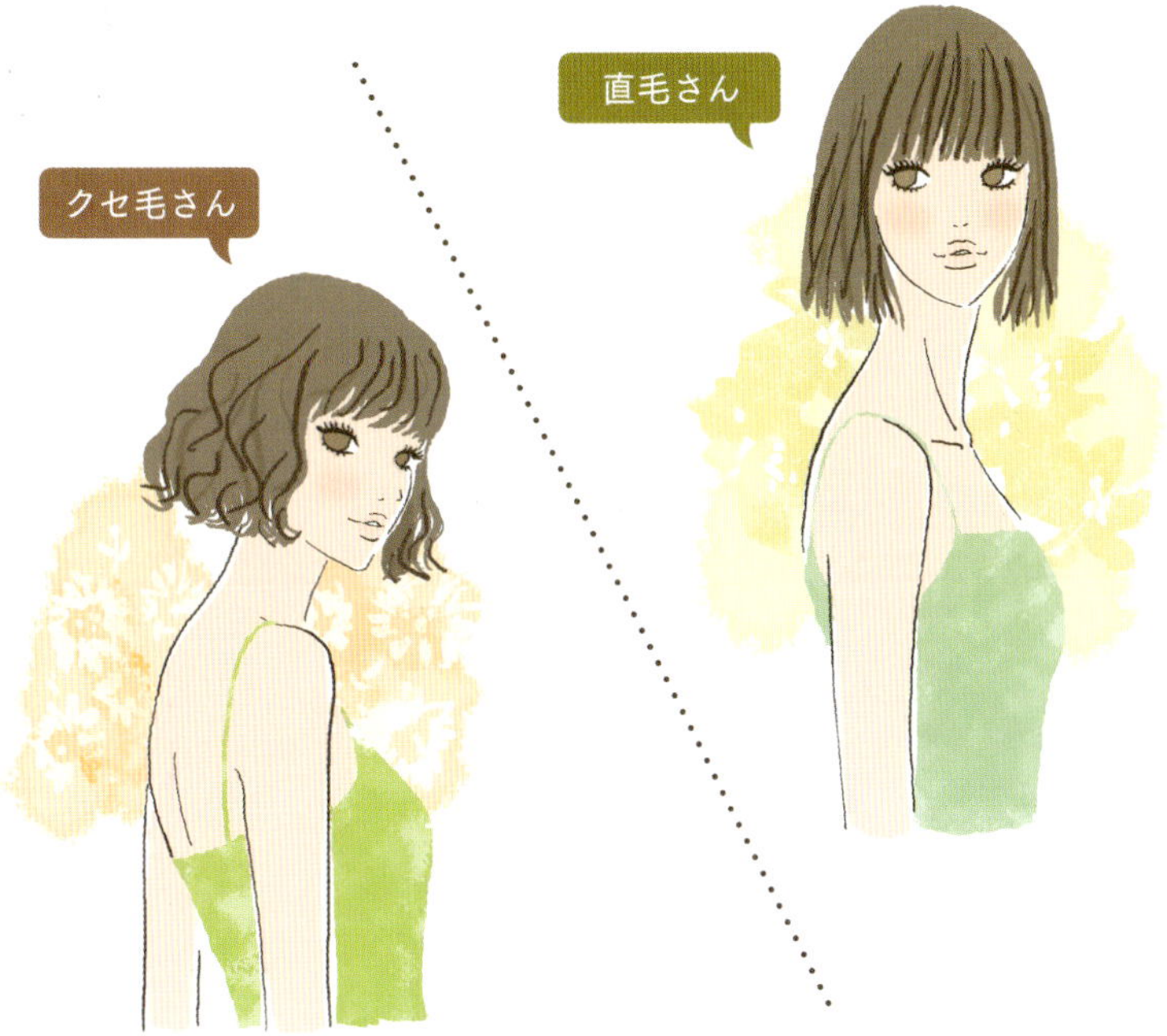

としています。

直毛さんの毛触りの特徴はひとつですが、クセ毛さんの特徴は「うねりがある」「ねじれがある」「太さが不均一」など、いくつかのパターンに分かれます。

まずは診断方法を見ながら、自分の髪質を調べてみましょう。

どちらの髪質にも、その髪質に合ったつくりやすい髪型があります。それは、直毛さんだから・クセ毛さんだからこそ表現できる個性でもあります。

髪質についてはこのあと引き続きChapter3で、具体的な髪型についてはChapter4で紹介しているので、順番に読み進めていきましょう。

髪質診断

簡単セルフチェック！
髪質診断のしかた

それでは、実際の髪質診断をはじめましょう。

「診断」なんていっても、やり方は簡単！　髪の毛を1本切って、髪の毛の手触りと見た目を確認するだけ（確認のしかたは58〜59ページ）。

髪の毛を切るときには、紫外線などによるダメージが少ない、内側のほうの髪から選びましょう。このとき引っぱってしまうと髪がうねって診断しにくくなるので、引っぱらないよう注意。

「今は髪が傷んでいるから」という人も、現状の髪質を診断することで、今、似合う髪型がわかるので、そのまま診断して大丈夫です。パーマや縮毛矯正をかけている場合も、それらがかかった状態での、現状の髪質診断ということになります。

髪質診断 チェック項目

髪質診断

※髪のコンディションや年齢による変化、診断用の髪の毛を選ぶ場所によって髪質が変わることがあるので、気になる場合は再度診断をしてみましょう。(短期間に何度も切るのはおすすめしません)

診断の手順

1

□ 髪の毛を1本選ぶ

鉢まわりの髪の毛を１本、引っぱらないようにハサミで切ります。表面の髪は紫外線などで傷んでいる場合もあるので、平均的な髪質をしている内側の髪の毛を選びます。

2

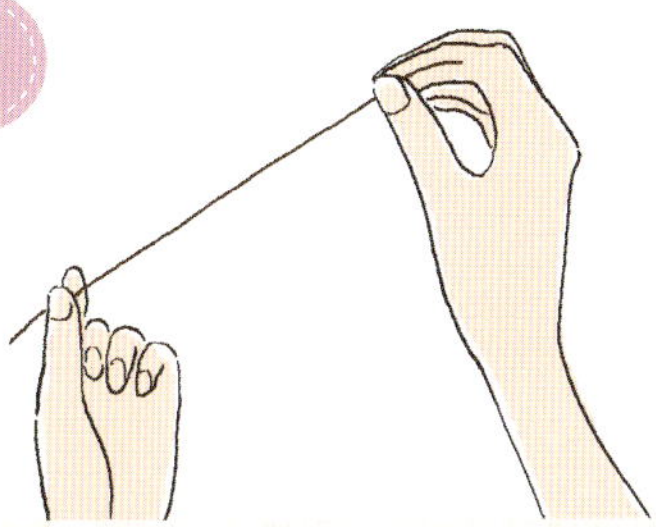

□ 手触りをチェック

髪の片端を指先でつまみ、もう片方の手の指を滑らせながら髪の手触りを確認します（滑らかか、でこぼこしているか、など）。

3

□ 見た目をチェック

白い紙の上に髪を置いた際の状態を観察します。髪が濡れているときだけクセが出る人、反対に乾くとクセが出る人などさまざまなタイプの髪質があります。いろいろな状況で試してみてください。

次のページへ

Q. 57ページの手順②による手触りの結果、

ひっかかりがない➡直毛さん　ひっかかりがある➡クセ毛さん

ツルツルだけど少しひっかかる、または「ざらざら」「ごつごつ」「ぎしぎし」などの感触があればすべて「クセ毛さん」に進む。

直毛さん

診断結果 → P.60

手順③で紙の上に置くと、ぴんとまっすぐに伸びた状態が確認できる。

表面は滑らか。断面は正円形になっている。

ひっかかりが
ない
直毛さん

ねじれがある

コイル状のねじれがある。濡らしてもまっすぐには伸びず、クセがあるのがわかる場合が多い。

うねりがある

大きくうねっていたり、波打っていたりする。濡らすとまっすぐに伸びる場合が多い。

ひっかかりが
ある
クセ毛さん

縮毛さん

診断結果 → P.64

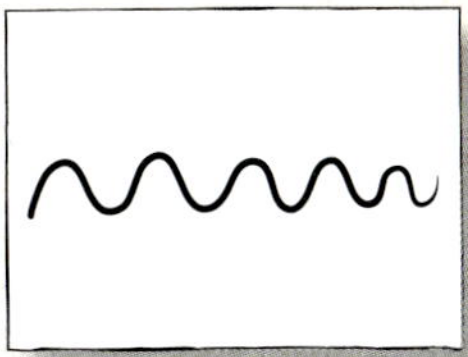

手順③で紙の上に置くと、ちりちりとした細かいうねりが確認できる。

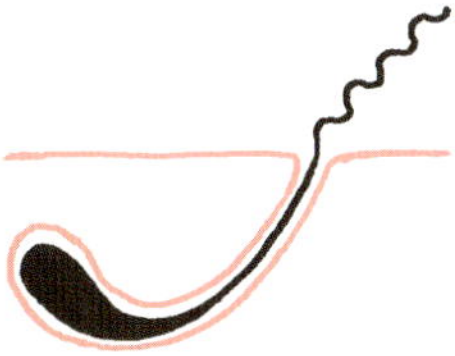

細かくうねって ちりちりしている

もっとも強いクセ毛。髪の毛がちぢれた状態になっている。

クセ毛さん

診断結果 → P.62

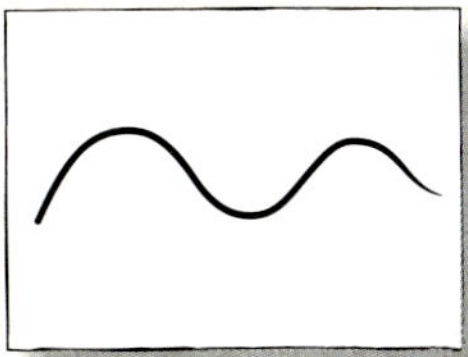

手順③で紙の上に置くと、うねりやねじれが確認できる。

太さが不均一

数珠状になっている。髪の太さが均一ではなく、指を滑らせると、でこぼこしているのがわかる。

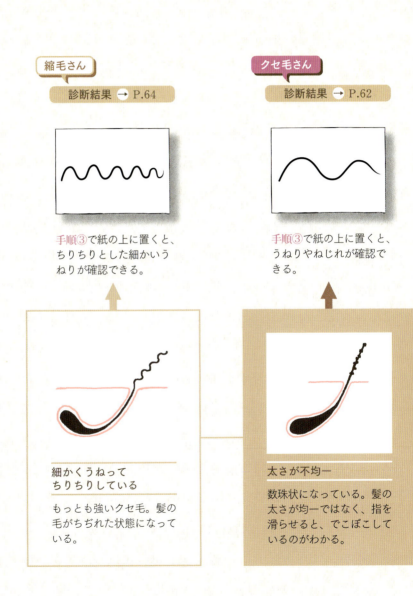

髪質診断結果

直毛さん つき合い方

さらっと優雅なたたずまい クセなしヘアの魅力とポイント

直毛さんは、艶やかで健康的な髪質の方が多く、清楚で上品な印象を与えます。髪型がきまらないと悩む方が多い梅雨時でも、髪のコンディションが特に変わらず、天候による影響を受けにくいことも特徴です。

その反面、ボリューム感や動きが出しにくく、アレンジが難しいという一面があります。朝、しっかりセットしても夕方には戻ってしまったり、ぺたんと顔に貼りつくようになってしまったりで悩んでいる方もいるでしょう。

トップにボリュームを出したい

根元を立ちあげるようにして濡れた髪を乾かすと、トップにボリュームが出ます。分け目のクセがある場合は、いつもとは反対側に（右側で分けている人なら、左から右に向かって）髪の毛を流してドライヤーをあてると、分け目がなくなりボリュームが出ます。

「ひっつめ」にしないために

直毛さんは毛束感やボリューム感が出しにくく、そのまままとめ髪にするとひっつめたような印象にもなりがち。そこで直毛用のムースを濡れた状態でつけてから乾かすと毛束感がつくりやすくなります。まとめ髪にした後には、トップの毛束を多めにとってつまむと、きれいなボリュームが出ます。より毛束感を強く出したい場合は、ソフトワックスを手ぐしをとおすイメージで全体につけてから髪をまとめます。

セットした形をキープする

斜め前髪のように、セットした髪をキープしたい場合は、ドライヤーで形をつくった後、キープしたい箇所にソフトワックスをつけ、仕上げにハードタイプのヘアスプレーをつけます。内側にもつけると持ちがよくなります。

Feature

直毛さんの特徴

- 直毛だと美容師さんにいわれたことがある
- 髪の長さを変えたことによる髪質の変化を感じたことはない
- 斜め前髪にセットしても、横に流した前髪がまっすぐに落ちてきてしまい、キープできない
- きちんと乾かして寝れば、翌朝の寝グセはほとんどつかない
- 天候によって髪のコンディションは変わらない
- 半乾き状態でも髪の毛はまっすぐに伸びた状態のまま

～ 直毛さんのお悩み解決 ～

ボリュームがほしい

根元が立ちあがるように、ドライヤーをあてる。かきあげるように乾かし、分け目をつけないのがコツ。

毛束感を出したい

直毛用のムースを濡れた状態でつけてから乾かすと、毛束感が出やすい。

顔まわりの髪をキープする

ソフトワックスを下地がわりに全体にうっすらつけ、キープしたい箇所にはハードタイプのヘアスプレー。

Chapter4 ➡ P.76・82・88

髪質診断結果

クセ毛さん つき合い方

多彩な表現力で魅了 クセありヘアの魅力とポイント

日本人はクセ毛さんが最も多いといわれます。湿気など特定の天候条件によって髪のもつクセが出やすい人は多いでしょう。特に広がりやすい、はねやすい、うねりやすいの3つは、クセ毛さんの代表的なお悩みです。

一方でボリューム感や動きは出しやすいでしょう。持ち前のクセを生かすことで、無造作感のある髪型、エアリーでキュートな髪型など、多様な表情をつくりやすいといえます。またボリューム感のある髪型には若々しい印象があり、年齢を重ねるにつれ、クセ毛のメリットを実感できるかも。

サイドが片側だけ外にはねる

生えグセによって、サイドの髪が片方だけ外側にはねてしまうことがあります。そんなときは後ろに向かって内巻きになるようドライヤーをかけると、きれいな内巻きに仕上がります。

まばらな印象のクセ毛は

髪の部位によってクセの出方が異なるなど、まばらなクセ毛でお悩みの方は、パーマをかけるとクセが均等になり手入れがラクになります。

クセ毛にはパーマがかかりやすく持ちもいいので、費用対効果も高くおすすめです（※）。

髪型がきまらない梅雨時は

高温多湿の環境ではクセが強く出るという髪質そのものは変えられませんが、髪のコンディションを整えることである程度の改善は期待できます。

髪が濡れた状態で、洗い流さないトリートメントオイルかクリームを、毛先を中心に全体につけ、最後に手に残った分を髪の表面にぬってからドライヤーで乾かすと、髪のパサつきがおさえられ、髪の状態が安定します。

※ここでは例外的にパーマを提案していますが、こちらはあくまで「髪質を生かしたうえで」パーマを効果的に取り入れる方法もあるという一例として紹介しています。

Feature

クセ毛さんの特徴

- クセ毛だと美容師さんにいわれたことがある
- 髪を短くしたときや、半乾き状態のときは、広がったり、はねたり、うねったりする
- 斜め前髪にセットすればほぼ1日もつ
- きちんと乾かして寝ても、翌朝は髪の根元から濡らしてブローをしないと直らないレベルの寝グセがつく
- 天候（雨の日、乾燥した日など）によって髪のコンディションが変化し、広がったり、はねたり、うねったりすることがある

～ クセ毛さんのお悩み解決 ～

左右を同じにしたい

片側の髪だけ外側にはねてしまうときは、後ろに向かって内巻きにドライヤーをかけるのがポイント。

クセをきれいに見せたい

場所によってクセの出方が異なるなど、まばらな印象のクセ毛には、パーマがおすすめ（※）。

パサつきを防ぎたい

髪の毛を濡らし、洗い流さないタイプのオイルやクリームを、毛先を中心に全体につけてから乾かす。

Chapter4 ➡ P.78・84・90

髪質診断

髪質診断の結果が縮毛さんの場合は

縮毛さんは、細かいうねりのあるとても強いクセ毛です。定期的に縮毛矯正をかけて直毛にする人もいますが、その繰り返しに疲れてしまう方も少なくないようです。

そんなときは発想を変えてみましょう。もし、エスニック、ボヘミアン、リゾート、ナチュラル、カジュアルなどリラックス感のあるファッションが好きで、ライフスタイルにもマッチするなら、思いきって縮毛を生かした髪型にするのもおすすめです。

無造作なボリューム感とドライな質感を生かした存在感のある髪型は、リラックス感のあるファッションによくはまり、個性的な魅力を引き立ててくれます。

きれいなフォルムをつくるコツ

全体にボリュームが出やすい髪質なので、鉢まわりのみボリュームをおさえます。また、もともと広がりやすい髪質ですが、乾燥によってより広がりやすくなります。

乾燥を防ぐには、刺激の少ないシャンプーを使い、ドライヤーの前に洗い流さないタイプのトリートメントをつけるといいでしょう。

※縮毛矯正でまっすぐヘアになっている方は、「直毛さん」（60ページ）に分類します。

ヘアゴム、バレッタ、ピンなどのヘアアクセサリーをいろいろそろえてみましょう。カラフルで目立つものや個性的なデザインでも変な目立ち方はせず、縮毛の方の場合はかえっておしゃれな印象に。

ゆったりしたタートルネックのカットソーに、個性的なネックレスとブレスレットを合わせた着こなし。無造作な髪型によくはまり、外国人風のおしゃれ感が出る。

大胆な色使いが魅力的なボヘミアンなワンピースに、凝ったデザインのバレッタを合わせた着こなし。ワイルドなボリューム感のある髪型によく映えとても素敵。

髪質診断

お手軽テクニックで いつでもきれいな髪型に

70ページからはいよいよ、28ページの「骨格診断」と、57ページの「髪質診断」のかけ合わせからわかる「あなたに似合う髪型」を紹介していきます。

ここではその前に、忙しい毎日の中でもいつもきれいな髪型でいられるよう、お手軽にできるテクニックを紹介したいと思います。

「鉢まわりをおさえる」は垢抜けの鉄則

鉢まわりに髪のボリュームが出ると、頭が大きく見え、スタイルもわるく見えがち。特に髪を乾かした後、頭がなんとなく角ばって見えたり横幅が広い印象になる場合は、鉢まわりのボリュームをおさえるようにすると、頭の形がきれいになります。

トップやサイドなど他の箇所のボリュームは、髪型によって出したほうがいい場合も控えめにしたほうがいい場合もあるのですが、鉢まわりについてだけはボリュームをおさえることが、どの髪型にもあてはまる垢抜けのコツです。

簡単な方法としては、朝の身支度の際に、ニット素材のやわらかいターバンや、トップにゆとりのあるつくりのニット帽をかぶったまましばらく過ごすことです。ただ、頭全体を帽子でおさえつけてしまうと、頭頂部や後頭部までぺたんこになり、老けた印象になりがちなので気をつけましょう。

襟足までこだわって「きれい」を底上げする

首まわりを絞ったショートヘアなど、襟足の髪が浮かないよう、ぴったりと首にそわせることが肝となる髪型があります。それほど目立たない箇所ではありますが、襟足がきまらないと今ひとつ垢抜けない印象になりやすいため、見落とさないようにしたい大切なポイントです。

襟足をおさえたいのに浮き上がってしまうという方は、多くの場合は生えグセが原因のため、ひと手間かける必要があります。

朝の身支度の際に、フェイスタオル（長方形）を三ツ折り（10㎝幅程度）にしたものをマフラーのように首にかけてしばらく過ごすのがおすすめです。さらにタオルの上からドライヤーで温めると時短にもなります。

また割合としては少ないケースかと思いますが、ある時期から急に襟足の髪がうねるなど、首にきれいにそわなくなった場合は、うなじの中央の窪んだ部分の洗い残しが原因の場合があります。この部分の毛穴の詰まりを解消することで改善する場合もあるので、思いあたる方はシャンプー時に気をつけてみるといいかもしれません。

Column

頭部の各部と、髪の長さの名称

Chapter4では、それぞれの骨格タイプの「似合う髪型」を紹介しています。髪型の説明には、頭部に関するいろいろな用語が出てきます。基本的なものをおさえておきましょう。

頭部の各部の名称

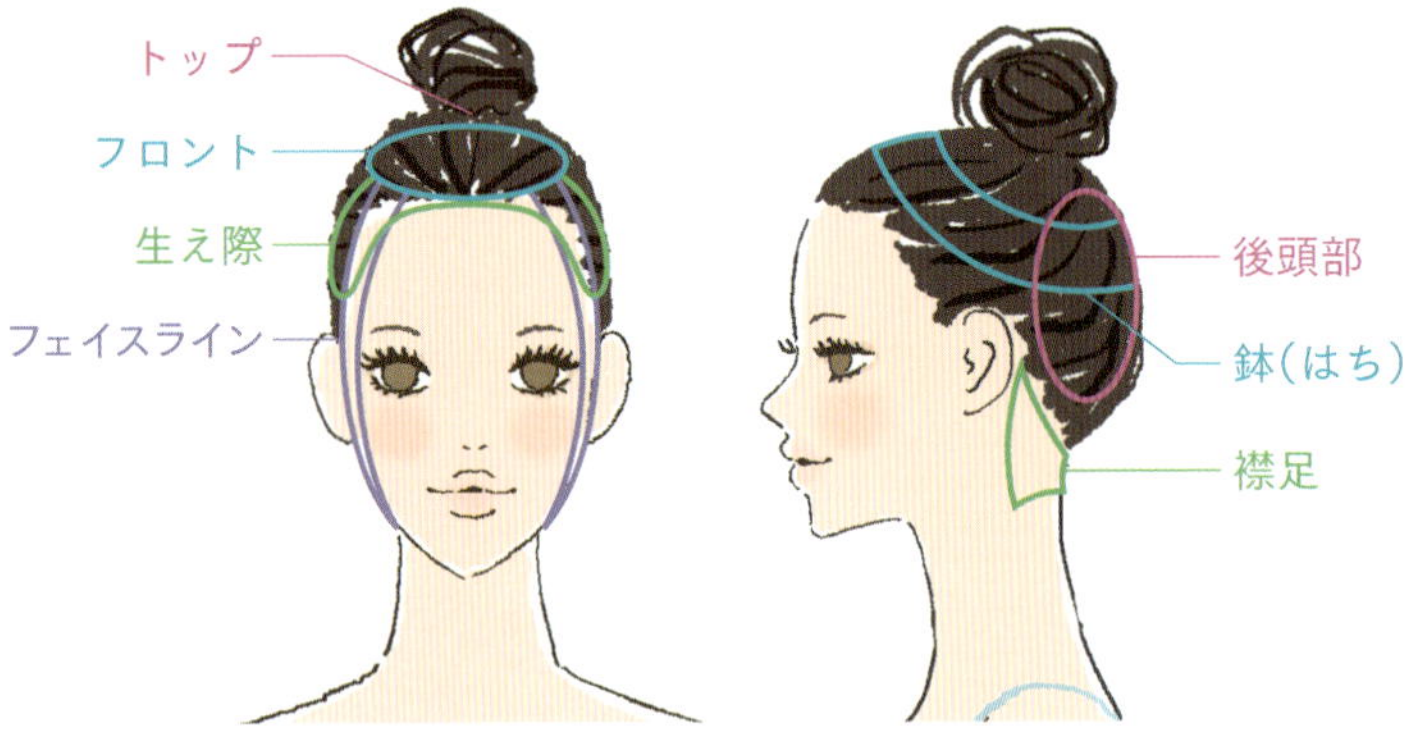

髪の長さの名称

それぞれの髪の長さの基準は美容院によってもさまざまですが、本書における基準はイラストのようになります。

Chapter 4

スタイルアップ＆
ラクが叶う髪型がわかる

骨格診断×
髪質診断

かけ合わせ

「骨格診断」×「髪質診断」でわかる
似合う髪型の基本ガイド

いよいよここからは、Chapter2で見つけた「骨格タイプ」とChapter3で見つけた「髪質」のかけ合わせから導き出せる「あなたに似合う髪型」を紹介します。

体型（骨格タイプ）と髪質（クセの有無）の両方の特徴を生かした髪型なので、全身のバランスが美しく整い、スタイルがよく洗練された印象に。しかもドライヤーさえあれば簡単にセットできて持ちもいいという、いいことづくめの髪型です。ぜひ髪型を選ぶ際の参考にしてください。

特に注目したいのは髪型の「フォルム」

全身のバランスのよさを決めるのはフォルムです。フォルム名として、ひし形・Iライン・Aラインなどが登場しますが、大切なのは次の2点です。

- ボリュームを出したほうがよい箇所を正確につかむ
- タイトに絞ったほうがよい箇所を正確につかむ

たとえばひし形なら、その両サイドの頂点（ボリュームを出す箇所）をどの位置にもってくるのかが特に重要なポイントとなります。

さらに骨格タイプごとにおすすめのヘアアレンジも紹介していますが、普段の髪型ではなく、パーティー・デート・アウトドアなど少し特別なシーンを想定しています。ここでは例外的に、髪質を生かすという考え方は除外し、ヘアアイロンが必要となるなど手の込んだ髪型も紹介しています。手間をかけた特別感のあるおしゃれを楽しめるシーンかと思いますので、参考にしていただければと思います。

縮毛さんへのご提案

なお縮毛さんについては、全体にボリュームが出やすい髪質のため、髪質を生かすという前提で考えた場合、つくりやすいフォルムは限られたものとなります。そのため体型の特徴に合わせてフォルムを変えるということ自体が現実的でないため、ここではあえて取り上げないことにしました。

詳しくは64ページで紹介しましたが、フォルムにこだわるよりも、縮毛さんならではの髪質を最大限に生かした髪型と、その髪型だからこそ映える装いで、独自の魅力を表現されるのも、とてもおしゃれで素敵かと思います。

もちろん縮毛矯正をかけるのもひとつの選択肢です。その際には「直毛さん」としてこの後のページを読み進めてください。

かけ合わせ

自分に似合う髪型を見つける！
Chapter4の読み進め方

STEP 1
自分に合てはまる「かけ合わせ」のページへ

1・Chapter2の「骨格診断」と、Chapter3の「髪質診断」の結果にもとづき、自分のタイプのページを開きます。一覧表は74～75ページにあるので、参考にしてください。

Ex.
骨格診断が「ストレートタイプ」、髪質診断が「直毛さん」だった人は、まず76ページをチェック

2・直毛さんがパーマをかけた場合は同じ骨格タイプの「クセ毛さん」を、クセ毛さんが縮毛矯正

やストレートパーマをかけた場合は同じ骨格タイプの「直毛さん」を参考にしてみてください。

Ex.
骨格診断が「ストレートタイプ」、パーマをかけて髪質診断が「直毛さん」から「クセ毛さん」に変わったときは、78ページをチェック

STEP 2

自分と同じ「骨格タイプ」のアレンジページへ

最後に自分の骨格タイプのアレンジ例をチェック。パーティーシーンで華やかにしたい、デートや女子会でちょっとだけ特別感を出したい、アウトドアなどで動きやすさとおしゃれ感を両立したい、などの場合のアレンジ例を紹介しています。

Ex.
骨格診断が「ストレートタイプ」なら、80ページの「ヘアアレンジ」もチェック

下重心のひし形

クセ毛さん → P.84

ひし形

クセ毛さん → P.84

下重心のひし形

クセ毛さん → P.84

ナチュラルタイプ

フレーム感のある身体に映える無造作なフォルムに。

Aライン

直毛さん → P.88

クセ毛さん → P.90

段は入れず、裾広がりのAラインでボリュームたっぷりに。

Aライン

直毛さん → P.88

クセ毛さん → P.90

長いほど全身のバランスがとれるので、毛先がアンダーバストに届く長さもおすすめ。

Iライン　Aライン

直毛さん → P.88

クセ毛さん → P.90

ハートマークは、骨格診断から見たスタイルアップ効果の大小の目安を基準にしています。

♥♥……特に得意

♥……得意

♡……あまり得意ではない

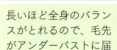

「骨格診断」×「髪質診断」のかけ合わせ例

髪の長さ
短
ショート
ミディアム
セミロング
ロング
長

ストレートタイプ

ショート

あご下の髪が見えない長さのコンパクトなひし形をつくるときれい。

ひし形

直毛さん → P.76

クセ毛さん → P.78

ミディアム

首が短いタイプなので、首まわりが髪で埋もれないように注意。

Iライン　タイトなひし形

直毛さん → P.76

クセ毛さん → P.78

ロング

スリムなシルエットで、長さはバストトップにかかるくらいまで。

Iライン　タイトなひし形

直毛さん → P.76

クセ毛さん → P.78

ウェーブタイプ

ショート

裾にボリュームを出して長い首をふんわりカモフラージュ。

直毛さん → P.82

ミディアム

首まわりとデコルテにボリュームを出し、華奢な上半身が貧相に見えないようカバー。

直毛さん → P.82

ロング

全身の重心位置が下がりすぎないよう、長さはバストトップにかかるくらいまで。

直毛さん → P.82

ストレートタイプ × 直毛さん

かけ合わせ

涼し気な髪型で優美さを漂わす

まっすぐな髪質を生かした艶やかで上品なヘアスタイルにすると、気品のある女性らしさが一層際立ちます。

ストレートタイプに似合う、クラス感のあるシンプルな装いにもよく合います。

ショート

36ページのとおり、ショートヘアはストレートタイプにおすすめの髪型です。

トップと後頭部にボリュームを出し、首まわりはすっきり絞ったメリハリのあるフォルムをつくると、どの角度から見ても凛とした美しさのある優美なショートになります。

頭の形を立体的に見せられるので、特に後ろ姿の美しさが際立ちます。

前髪によって印象が大きく変わります。おろせばかわいらしい印象に、斜めに流せば大人っぽい印象になります。

ミディアム～セミロング

首まわりの髪はタイトに、サイドの髪はドライヤーでゆるやかな内巻きにすると、洗練された印象になります。デコルテが覆われると野暮ったく見えるので、毛先が広がらないように。

サイドを膨らませてひし形のフォルムにすれば華やかな印象に、タイトにおさえてIラインのフォルムにすればクールな印象になります。

ロング

ストンとまっすぐに落ちる髪質を生かして直線的なIラインのフォルムをつくると、縦ラインが強調されることで上重心が緩和され、スタイルがよく見えます。バストを覆う長さになると、毛先が広がり、身体の厚みが強調され太って見えがちなので、バストトップまでにとどめるといいでしょう。

Short

◇（ひし形）のフォルムに

乾かし方がポイント。トップは根元から立ち上げるようにし、全体がひし形のフォルムになるように乾かせばきれいにきまります。

Medium～Semi long

▯（Iライン）～◇（タイトなひし形）のフォルムに

首まわりが広がらないよう下を向いた状態で上からドライヤーをあてるのがコツ。毛先がはねる場合はブラシをつかって内巻きに乾かします。

Long

▯（Iライン）のフォルムに

ずばり髪のコンディションがものをいう髪型。トリートメントや紫外線対策などによるダメージケアを欠かさないことが大切。

ストレートタイプ × クセ毛さん

かけ合わせ

計算されたフォルムで“凛”と“たおやか”

毛先に動きが出やすい髪質ですが、首まわりからデコルテにかけてはボリュームをおさえると、上半身がすっきり見え、健康的な美しさが際立ちます。

メリハリのあるフォルムをつくるとおしゃれに見えます。

ショート

クセ毛のもつ、うねりやはねを生かしながら、トップと後頭部にボリュームを出し、逆に鉢と首まわりはボリュームをおさえると、どの角度から見ても美しいフォルムに。頭の形を立体的に見せられるので、特に後ろ姿の美しさが際立ちます。

前髪をおろせばキュートな印象に、斜めに流せば優雅な印象になります。

ミディアム～セミロング

ストレートタイプには本来苦手な長さですが、クセ毛による自然なボリューム感を出しながらも、首まわりの髪は絞り、毛先を外にはねさせるようにしてタイトなひし形のフォルムをつくると、引きで見た際のバランスがよくなります。

あご先までの短い長さのほうが垢抜けます。首のつけ根に届く長さになると野暮ったくなりがらなので、伸ばしかけならハーフアップにして首まわりをタイトに絞るといいでしょう。

ロング

クセ毛を生かした自然なボリューム感を出しながらも、首から鎖骨にかけては直線的に絞ったラインをつくり、鎖骨の下にくる毛先を外側に流すことでタイトなひし形のフォルムをつくると洗練された印象になります。

髪がバスト全体を覆うと太って見えやすいので、伸ばしてもバストトップにかかる長さまでにしましょう。

Medium～Semi long

◇（タイトなひし形）のフォルムに

タオルやマフラーを首にかけた状態で朝の身支度をして襟足をおさえます。毛先を中心にソフトワックスをつけて艶を出します。

Short

◇（ひし形）のフォルムに

ドライヤーの熱が加わった状態で鉢を手の平で数秒間おさえると美しいフォルムに。毛先を中心にソフトワックスをつけ艶を出します。

Long

◇（タイトなひし形）のフォルムに

洗い流さないトリートメントをつけた状態で乾かし、ドライ後にもう一度、今度は毛先を中心につければ完成。

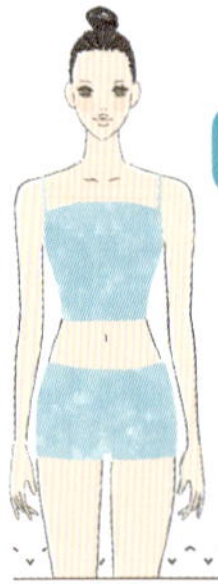

ストレートタイプ　ヘアアレンジ

シーン別

シンプルアレンジでシャープ&リッチに

ストレートタイプに似合うのはノーブルなアレンジ。立体感重視のシンプルなアレンジできれいめにまとめると、洗練された印象になります。

　トップにボリュームを出し、それ以外の部分はあえてすっきり見せるのがポイントです。

パーティー

夜会巻きのようなシンプルでクラス感のあるアレンジが似合います。

　後れ毛を散らしたりはせず、きちんとタイトにまとめると、存在感のあるメリハリ体型のもつゴージャスな雰囲気が際立ちます。

　アップスタイルで首を全部出し、ドレスは胸元がやや深めに開いたものを着ると、短めの首は長く、厚みのある上半身はすっきり見え、スタイルがよく洗練された印象になります。髪型も服もシンプルにするほど垢抜けます。

デート

ヘアアレンジは華やかさを出すのではなく、クールでハンサムな感じにもっていったほうが、大人っぽい女性らしさが引き立ち、おしゃれで洗練された印象になります。お手軽なアレンジならポンパドールがおすすめ。

　ポンパドールは幅と高さによって印象が変わるため、しっくりくるバランスを探します。幅は黒目の位置を基準に微調整するといいでしょう。

アウトドア

シンプルなポニーテールがおすすめ。仕上げにトップの髪を少しつまんで動きを出すと、ほどよくラフ感が加わっておしゃれです。崩しすぎるとだらしなくなるので、全体的にはきれいめにまとめましょう。結び目の高さで印象が変わるため、バランスを見ながら。

Outdoors

カジュアルコーデも本革のレースアップシューズを合わせればぐっと垢抜けた印象に。

Date

ベーシックなコーデこそ色に個性を。大人の甘さを演出するならダスティーピンクがおすすめ。

Party

シンプルなIラインドレスは素材が決め手。厚手でハリ感のあるシルク生地など上質なものを。

ウェーブタイプ × 直毛さん

かけ合わせ

やわらかなボリュームでフェミニンに見せる

髪にふんわりしたボリューム感を出すと、薄くて華奢な上半身にやわらかい印象が加わり、フェミニンな魅力が際立ちます。

直毛さんは動きを出しにくいので、やや重めのカットで毛量によるボリューム感を出すといいでしょう。

ショート～ミディアム

本来、ウェーブタイプは長めの首が強調されやすいショートヘアは得意ではありません。

短くするなら、裾にボリュームをもたせたミディアムヘアで、長めの首が寂しい印象にならないようにするといいでしょう。下重心のひし形フォルムにするときれいに見えます。

前髪を深めにつくっておろせば目力が増してドーリーに、斜めに流せば清楚にと、前髪で印象が変わります。

胸元が貧相に見えやすい長さなので、首まわりに華やかなデザインがあるトップスでカバーするといいでしょう。

セミロング

全体にやわらかなボリューム感を出すと、華やかな女性らしさが引き立ちおしゃれに見えます。特にサイドをたっぷり膨らませることでひし形のフォルムにまとめると、フェミニンな魅力が引き立ちます。

ロング

毛先に向かってやわらかなボリューム感を出して下重心のひし形のフォルムをつくると、華やかでゴージャスな魅力が際立ちます。デコルテに髪がたまる印象にすると、華奢な胸元をカバーでき全身のバランスがよくなります。

下重心が強調されすぎないよう、伸ばしてもバストトップにかかる長さにとどめるといいでしょう。

Short～Medium

◇（下重心のひし形）のフォルムに

サイドの髪を膨らませるように乾かし、下重心のひし形をつくります。ボリュームを出したい箇所には内側からソフトワックスをつけましょう。

※ウェーブタイプの直毛さんはショートが得意ではないため、短い髪型としてはミディアムをおすすめしています。

Semi long

◇（ひし形）のフォルムに

かきあげるように乾かしてボリュームを出し、やや華やかな印象に仕上げるときまります。トップのボリュームはハードタイプのスプレーでキープしても。

Long

◇（下重心のひし形）のフォルムに

毛先が鎖骨にたまるようサイドの髪は内側にひねりながら乾かしましょう。髪質的にIラインになりやすいため、いかにボリューミーに乾かせるかが決め手。

ウェーブタイプ × クセ毛さん

かけ合わせ

パーマ風ヘアでエアリーな雰囲気に

クセを生かし、毛先に軽やかなリズムを出したエアリーなスタイルをつくると、可憐な女性らしさが一層際立ちます。ウェーブタイプに似合うドレス感のあるフェミニンな装いにもよく合います。

ショート

ウェーブタイプは長めの首が強調されやすいショートヘアは得意ではありませんが、クセ毛のもつうねり感やはね感を生かしたエアリーなスタイルにすると、華奢な身体に華やかさが加わり、女性らしさが引き立ちます。裾にボリュームを出して下重心のひし形のフォルムにまとめるとバランスがよく見えます。

ミディアム～セミロング

クセによる動きをたっぷりと出し、エアリーなボリューム感のあるひし形のフォルムをつくると、華やかな女性らしさが際立ちます。

クセを出したいのでハンドドライで乾かします。全体を乾かした後に、手のひらでサイドの髪をもち上げるようにしてドライヤーの熱を加えると、きれいなフォルムになります。

ロング

頭の鉢から小鼻あたりにかけてはボリュームをおさえ、下側に向かって広がる下重心のひし形のフォルムをつくるとゴージャスな魅力が引き立ちます。首まわりと胸元をふんわり包み込むようなフォルムをつくるときれい。

クセを生かすにはハンドドライが基本。

根元にドライヤーをあててほぼ乾いたら、後ろで左右に分けた髪を内側にひねりながらドライヤーをあてましょう。

Medium～Semi long

◇（ひし形）のフォルムに

かきあげるようにして乾かし、ボリュームを出します。サイドは内側にひねりながら乾かして仕上げにソフトワックスをつけます。

Short

◇（下重心のひし形）のフォルムに

ハンドドライで全体を乾かし、ドライヤーの熱で温まった状態で鉢を手の平で数秒間おさえるときれいなフォルムに。毛先を中心にソフトワックスをつけ艶を出します。

Long

◇（下重心のひし形）のフォルムに

洗い流さないタイプのトリートメントをつけてから乾かします。前髪なしか斜め前髪のほうが、大人の女性には似合いやすいでしょう。

シーン別

ウェーブタイプ ヘアアレンジ

後れ毛や巻き髪で華やかな雰囲気に

ウェーブタイプに似合うのはフェミニンなアレンジ。後れ毛を散らしたりコテで巻いたりして、華やかでやわらかい雰囲気をつくると、持ち前の可憐な女性らしさが際立ちます。

あえて少しルーズな感じにすると、ふんわりとした質感を出しやすいので、きちんとまとめすぎないのがポイントです。

パーティー

長めの首や薄くて華奢な胸元が物足りなく見えないよう、デコルテにやわらかく髪の毛がかかるようにアレンジをしましょう。華やかでおしゃれな印象になります。

おすすめなのはふわふわ揺れる後れ毛をサイドに散らしたハーフアップスタイル。全体をコテで巻いてからアレンジをすると、ふんわりした質感が出しやすくなります。

デート

甘くてかわいらしい雰囲気が似合うので、ビジューやパールのついたヘアアクセサリーを使った簡単アレンジがおすすめ。カチューシャ、バレッタ、ヘアピンなどをつけるだけで、いつもより華やかな印象になります。

ぴっちり髪を留めてしまうと子どもっぽい印象になってしまうため、あえて少しルーズにつけてゆるさを出すのがおしゃれに見せるコツです。

アウトドア

動きやすさ重視のまとめ髪にするなら、後れ毛を残した甘さのあるアレンジが似合います。

カジュアルな装いは本来苦手なため、地味な印象にならないよう、フェミニンなバレッタをつけるなどして華やかさを加えるとよいでしょう。

Outdoors

カジュアルコーデもシースルー袖でさりげない肌見せを。フェミニンな魅力が際立ちます。

Date

フレアスカートの花柄が引き立つよう、トップスはダークカラーを選ぶと魅惑的な印象に。

Party

レース生地のＡラインドレスは大人カラーで甘さを控えめにすると、品よくまとまり素敵。

かけ合わせ

ナチュラルタイプ × 直毛さん

自然な広がりでエフォートレスな魅力を

手ぐしでさっと整えただけのような無垢なスタイルをつくると、リラックス感のある飾らない女性らしさが引き立ちます。

ラフな毛束感や自然なウェーブ感を出すとおしゃれな印象になります。

ショート

裾に向かって自然に広がっていくAラインのフォルムで無造作なスタイルをつくると、こなれたおしゃれ感が出ます。つくり込んだフォルムはちぐはぐな印象になりがちなので、切りっぱなしのように見えるワンレングスショートがおすすめです。

前髪をつくる場合はあえて目にかかる長さにするなど、少しアンニュイな雰囲気を出してみても素敵です。

ミディアム〜セミロング

あえて段を入れることはせず、伸ばしっぱなしの髪が毛先に向かって自然と広がっていったようなAラインのフォルムをつくり、無造作な雰囲気を出すと、脱力感のある女性らしさが出てこなれた印象になります。

動きは出しにくい髪質ですが、三つ編みでクセをつけ自然なウェーブ感を出すとラフな雰囲気を醸し出せます。

ロング

ワンレングスのロングヘアで自然なIラインのフォルムをつくると、シンプルで抜け感のあるエフォートレスな魅力と大人っぽい女性らしさが際立ちます。ミディアム〜セミロングと同様、三つ編みでクセをつけるなど自然なウェーブ感を出すとよいでしょう。

日ごろからゆったりした装いが多い方なら、アンダーバストまで長く伸ばすと、服と髪型の相乗効果でおしゃれ度が一気に高まります。

Medium～Semi long

△（Aライン）のフォルムに

ブラシは入れずハンドドライでラフに乾かします。動きを出しにくい髪質ですが、三つ編みのおさげにして寝ると自然なウェーブ感を出せます。

Short

△（Aライン）のフォルムに

ハンドドライでラフに乾かします。動きを出したい部分は指で軽くひねりながらドライヤーをあて、そのまま数秒間キープして冷まします。

Long

▯（Iライン）のフォルムに

ハンドドライでラフに乾かし、三つ編みのおさげで寝るのがおすすめ。スリムなＩラインではなく、自然な広がりのあるＩラインに。

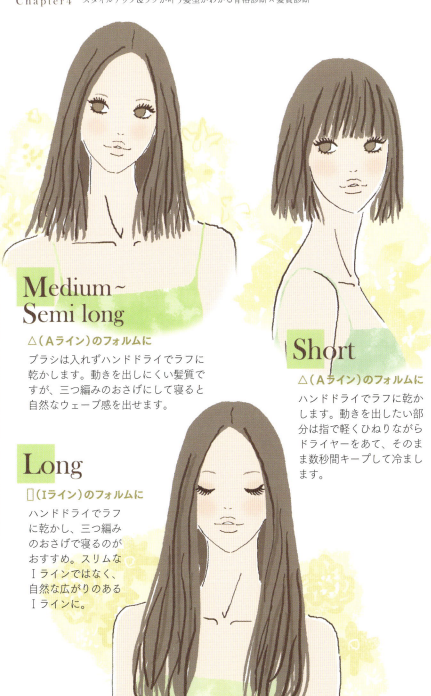

ナチュラルタイプ × クセ毛さん

かけ合わせ

無造作なパーマ風ヘアで飾らない色気を

持ち前のクセを生かして、無造作感のあるボリューミーなパーマ風ヘアにすると、ナチュラルタイプならではの野性味のある女性らしさが際立ち、垢抜けた印象になります。

クセの強さや種類、顔の雰囲気などによって、人それぞれの魅力が引き出されます。

ショート

クセを生かして無造作な動きを出し毛先に向かって広がるAラインのフォルムをつくると、こなれたおしゃれ感が出ます。正面だけでなくどのアングルから見てもAラインになるよう、立体的なフォルムをつくるときれいにまとまります。

モードなファッションとも相性◎。

ミディアム～セミロング

クセによるうねりやはねをそのまま生かし、毛先に向かって大きく広がるAラインのフォルムをつくると、野性味のある大人の色気が際立ちます。

髪質によってパーマ感やボリューム感の出方は大きく異なります。ただ裾の広がりは大きいほうが垢抜けます。

クセが弱い人は、二つ編みのおさげにした状態でドライヤーの熱を加え、冷めてからほぐすといいでしょう。

ロング

ワンレングスのロングヘアで毛先に向かって大きく広がっていくAラインのフォルムをつくると、リラックス感のある女性らしさが際立ちます。

クセが弱い人は、三つ編みのおさげにした状態でドライヤーの熱を加え、冷めてからほぐすといいでしょう。前髪なしだと大人っぽいワイルド感が、深めにつくっておろせば甘さのあるゴージャス感が出ます。

Short

△（Aライン）のフォルムに

ハンドドライでラフに乾かします。ドライヤーの熱が加わった状態で鉢を手の平で数秒間おさえてAラインをつくります。

Medium～Semi long

△（Aライン）のフォルムに

ハンドドライでラフに乾かします。より無造作感を出したい場合は、シーソルトスプレーで外国人風のドライな質感を出してもおしゃれ。

Long

△（Aライン）のフォルムに

パサつかないよう洗い流さないタイプのトリートメントをつけてから、ハンドドライでラフに乾かします。

シーン別

ナチュラルタイプ　ヘアアレンジ

ワイルドなパーマ風アレンジで大人の色気を演出

ナチュラルタイプに似合うのは無造作なアレンジ。少しワイルドな印象のボリューム感やパーマ感を出すと垢抜けた印象になります。

ふんわりとしたエアリーな質感に仕上がると野暮ったく見えるので、太めの毛束感をつくって重さを出すのがおしゃれに見せるポイントです。

パーティー

無造作感のあるボリューミーなアレンジが似合います。長さを強調したほうがゴージャスな雰囲気を出せる体型バランスをしているので、ハーフアップはおすすめです。

サイドや前髪にラフに編んだ三つ編みを入れると、ほどよく無造作感が加わりおしゃれに見えます。

デート

リラックス感のあるアレンジが似合うので、いつもより少し華やかに見せたいシーンでは、ボリューミーなサイドアップヘアがおすすめ。低い位置でまとめると引きで見た際のバランスがよくなり、大人っぽいこなれたおしゃれ感が出せます。

大振りな長いピアスを合わせると素敵です。

アウトドア

動きやすさ重視のまとめ髪にするなら、低い位置でつくった無造作なお団子ヘアが似合います。全体を太めのコテで巻いてからまとめるのがポイントです。

ただし、お団子の位置が高いと子どもっぽい印象になり、野暮ったく見えるので注意。

フェザーモチーフなどのエスニック風の大きめバレッタを合わせてもおしゃれです。

Outdoors

ビッグシルエットで着こなすカジュアルコーデ。大きめリュックを合わせてこなれた印象に。

Date

オンナらしいコーデはゆったりしたサイズ感で抜け感を出すのがおしゃれに見せるコツ。

Party

重たく見えがちなマキシ丈のドレスもソフトな上品カラーを選べば明るくリッチな印象に。

Column

美容師さんに聞く！
髪・頭皮に関するQ＆A

Q：美容院にはどれくらいのスパンで行けばいいの？

A：髪型をきれいな状態で保つためには、ショートであれば1か月に1回、ミディアム～ロングであれば2か月に1回程度がよいでしょう。

Q：なかなか美容院に行く時間のない人におすすめの髪型は？

A：シャンプー後に乾かすのが大変だけど、それがクリアできる人なら長めのミディアムかロングがおすすめ。ミディアムなら結べて肩はねしにくい長さにしましょう。

Q：シャンプーの頻度はどれくらいがいい？

A：クセ毛さんは洗いすぎると皮脂が失われて髪がまとまりにくくなったり、直毛さんはシャンプーの回数を減らすと皮脂で髪がぺたんこになってしまったりします。それぞれの皮脂の量にもよりますが、シャンプーは1日1回程度がよいでしょう。

Q：地肌が赤くなってしまいます。

A：頭皮の赤みについてはいろいろな原因がありますが、シャンプーやトリートメントのすすぎ残しによるかゆみもその一因になります。もし背中にもかゆみがあるなら、すすぎ残しの可能性が高いのでしっかり洗い流すようにしましょう。シャンプーやトリートメント、ワックスなどが皮膚に合っていない場合は、低刺激のものなどに替えてみるのもひとつの方法です。洗い流さないタイプのトリートメントは、できるだけ頭皮につかないよう、毛先につけるようにしてください。いつも同じところで分け目をつけていると、そこだけ日焼けして赤くなってしまう場合もあります。分け目を変えてみたり、あまり分け目がつかない髪型にしてみるのもよいでしょう。

Chapter

5

髪型で自分らしい魅力を引き出してもっと素敵に！

もっと素敵に!

それぞれの個性を生かす
輪郭と髪型の関係

Chapter4で、してみたいと感じる「似合う髪型」は見つかりましたか。

ここからは、もっと垢抜けた髪型になるためのポイントを紹介します。

まずは22ページでも少し触れた輪郭と髪型の関係からです。

美容業界には「美人顔」の定義となるものが存在します。目、鼻、口などの各パーツの形や大きさ、配置などが数字の比率で細かく表現され、理想の顔型は「卵型」とされています。

そしてみなさんも、知らず知らずのうちにこの「決められた美人顔」に近づけて見せるメイクや髪型にしたほうがいいと思い込んでいないでしょうか。たとえば、卵型に近い印象になるよう、輪郭の一部を髪で隠すような髪型を選ぶなどです。

「美人顔」をお手本にしなくていい?

でも、シャープな顔立ちで凛とした雰囲気のある大人顔の人にも、丸みのあるやわ

らかい雰囲気の童顔の人にも、それぞれ異なる魅力があるように、人の「美しさ」というのは、本来、多様性に満ちたものです。定義づけられるような単純なものではないのではないでしょうか。

もっといえば「美人顔」の基準から外れている部分こそが、その人ならではの魅力となっているケースは案外多いのです。

実際に女優さんやモデルさんを見ても、「美人顔」の基準から大きく外れた部分を強調するようなメイクや髪型にすることで、個性をより強く打ち出している方もいらっしゃいます。それがその人にしか出せない圧倒的な魅力となっているのです。

つまり「美人顔」をお手本にすることで、せっかくの個性を埋没させてしまう場合もあるのです。

髪型を決める際には、欠点だと思って隠すことよりも、持ち前の個性をもっとのびやかに表現することも、ぜひ考えてみてください。

もっと素敵に!

あなたのままで美しい 自分の輪郭の魅力を知る

ここでは顔の輪郭を、卵型、四角型、丸型、面長型、逆三角形型の5つに大きく分類します。それぞれの輪郭が与える印象は次のとおりです。

それぞれの輪郭がもつ魅力

卵型：優しい、穏やか、正統派美人
四角型：意志の強い、行動的、チャーミング
丸型：おおらか、親しみやすい、キュート
面長型：落ち着いた、頼りになる、エレガント
逆三角形型：スタイリッシュ、都会的、クールビューティー

いかがでしょうか。それぞれの輪郭に魅力があり、前項でお話ししたように、卵型にとらわれなくてもいいことがよくわかるかと思います。

他にも四角型の方なら、エラが張っていることで横顔にはシャープな美しさがあります。自分の横顔を見る機会はあまりないかもしれませんが、意外と印象に残るもの

です。エラが目立つとコンプレックスに感じている方も、耳の下からあご先にかけてのラインを鏡で確認してみれば、新たな魅力を発見できるはずです。

顔の印象は「輪郭」「顔のつくり」「髪型」で決まる

顔の印象は、

- 輪郭
- 顔のつくり（パーツの形や大きさと配置）
- 髪型

の3つのトータルの印象で決まります。ただ卵型については平均的な顔型ともいえるので、「輪郭」よりも「顔のつくり」と「髪型」によって全体の印象が決まりやすいといえます。

一方、それ以外の顔型については、輪郭の特徴を強調するか、しないかによって印象が大きく変わってきます。

もっと素敵に!

輪郭が与えるイメージの強弱は髪型で調整できる

四角型、丸型、面長型の方は髪型のインライン（顔まわり）のつくり方、逆三角形型の方は髪型のアウトライン（フォルム）のつくり方によって、輪郭が与える印象を強めたり弱めたりすることができます。

インライン（顔まわり）によって印象が変わりやすい

四角型

際立たせたい： 両方のエラを出す

控えめにしたい： 分け目はサイドにつくり、分け目側の髪は耳にかけ反対側の髪でエラを隠したアシンメトリーな髪型で、やわらかさを出す

丸型

際立たせたい： 顔のサイドを出す

控えめにしたい： 髪の毛で顔のサイドを隠して、顔型を細長く見せる

面長型

際立たせたい：おでこを出す
控えめにしたい：前髪でおでこを隠して顔型の縦の長さを短く見せる

アウトライン（フォルム）によって印象が変わりやすい

逆三角形型

際立たせたい：顔のサイドの髪をタイトに絞ったフォルムにする
控えめにしたい：顔のサイドの髪にボリュームを出してシャープな印象をやわらげる

もちろん「輪郭」だけで顔の印象が決まるわけではないことは前述したとおりです。繰り返しになりますが「輪郭」「顔のつくり（パーツの形や大きさと配置）」「髪型」の3つのトータルの印象で決まることをイメージしておいてください。

大切なのは、自分の顔型の個性をよく知り、その個性をどのように表現したいのかを考えることです。そのようにして選んだ髪型なら、あなたの魅力を引き出してくれるのはもちろん、心にもしっくりとなじむものになるでしょう。

面長型

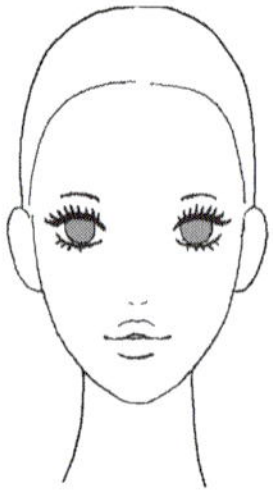

落ち着いた

おでこ

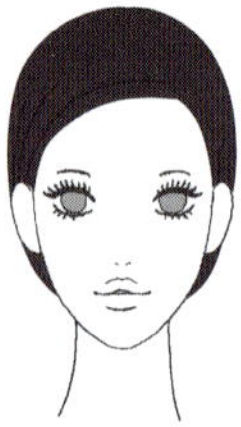

おでこを隠して縦の長さを短く見せる

逆三角形型

スタイリッシュ

アウトライン（フォルム）

顔のサイド

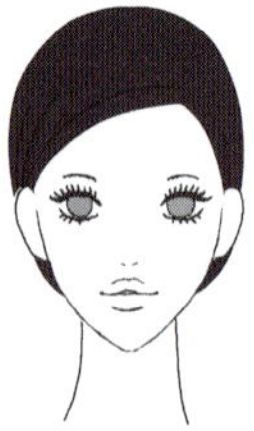

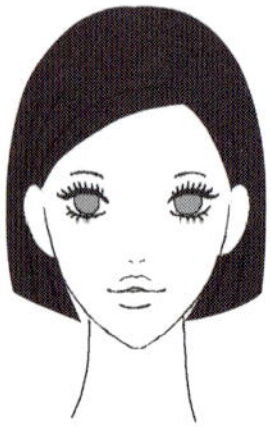

シャープな輪郭をカバーしてやわらかい印象に

※卵型は平均的な顔型ともいえ、「目立った特徴がないこと」が特徴です。そのため卵型の人は「髪型」と「顔のつくり（パーツの形や大きさと配置）」によって、顔全体の印象が決まる部分が大きく、他の顔型の人よりも「髪型」のもつイメージがそのままダイレクトに出やすいでしょう。

髪型による輪郭のイメージの変化

卵型

輪郭が与える印象(※)

優しい

	四角型	丸型

輪郭が与える印象	意志の強い	おおらか
印象を大きく左右する部位	インライン(顔まわり)：エラ	インライン(顔まわり)：顔のサイド
輪郭のイメージを際立たせる髪型	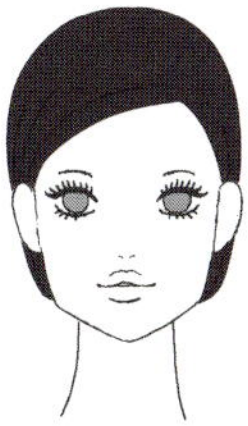	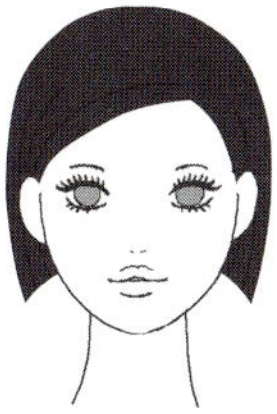
輪郭のイメージを控えめにする髪型	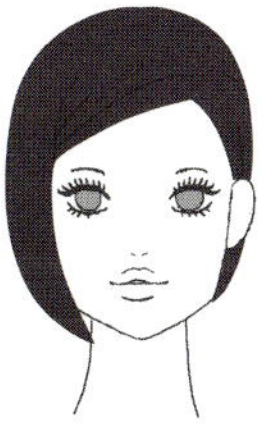 エラを隠す＋アシンメトリーでやわらかさを出す	 顔のサイドを隠して細長く、クールな印象に

もっと素敵に！

長さよりインラインが大事？イメージチェンジのコツ

大きなチャレンジをしたい、余計なしがらみを断ち切りたいなど、今の状況を大きく変えたいときには、思いきったイメージチェンジをしてみてはいかがでしょうか。外見のイメージが変われば気持ちも変わるため、大胆なイメージチェンジは、あなたの望む方向へと現実面の変化をも後押ししてくれるかもしれません。

髪型を変えると、気持ちも変わる

お客さまからよくお聞きするのが「髪型を変えたら似合う服が変わった」という声です。ロングヘアからショートヘアにしてみたら、スカートよりもパンツが、甘い色よりもクールな色が似合うようになったというようなお話です。

もちろん体型や肌色が変わったわけではないので、ここでいう似合う服というのは、着ていてしっくりくる服ということになります。

つまり、なりたい自分像にふさわしいと感じる髪型に変えると、セルフイメージが変わるため、しっくりくる服の傾向も変わりやすいのです。服のテイストをガラリと

変えるのはなかなか勇気のいることですが、髪型さえ思いきって変えてしまえば、あとは無理なく自然な形でイメージチェンジを進められるのかもしれません。

顔のイメージを変えるのはインライン

イメージチェンジをする際に、特に顔の印象を変えたいという場合、具体的に髪型のどこを変えるといいのでしょうか。

実は長さ〝だけ〟を変えた場合、人に与える印象はそれほど変わりません。10cm以上カットしたとしても、周囲に気づかれないときは本当に気づかれないものです。

イメージが大きく変わるのは、髪型のインライン（顔まわり）のつくり方を変えた場合です。前髪のありなし、サイドの髪を耳にかけるのかそれともおろすのかなどによって、フェイスラインの出し方を変えると印象がかなり変わります。

サイドの髪は耳にかけずにおろしているという方なら、その髪の長さがあご先よりも上なのか下なのかによって、フェイスラインの出方が変わるので印象が大きく変わります。

実際、ショートヘアにすることでイメージが大幅に変わる方が多いのは、このためです。

さらに顔の輪郭が卵型以外の方の場合は、輪郭がもつイメージを際立たせるのか、それとも控えめにするのかが、印象を大きく左右します（輪郭が与えるイメージについては１０２ページを参考にしてください）。

なりたい自分像をイメージする

イメージチェンジをしようと決めたら、まずはなりたい自分像にふさわしいのはどのような髪型なのか、イメージを膨らませてみましょう。そのうえで、骨格診断と髪質診断のかけ合わせによる、それぞれのおさえるべきポイントを確認して具体的な髪型を決められるとよいでしょう。

髪型からはじめるイメージチェンジが、あなたの人生に新しい息吹をもたらすきっかけとなりますように。

もっと素敵に!

美容院迷子から卒業
美容師さんとの付き合い方

ここでは美容師さんとの上手な付き合い方について、いくつかのポイントを紹介します。特にオーダーの伝え方については、こちらの要望をどれだけ正確に理解してもらえるかがとても大切です。

いつも満足な仕上がりにはならず、毎回初めてのお店を利用しているという「美容院迷子」の方は、オーダーのしかたを工夫してみることで理想の美容師さんと出会えるかもしれません。

イメージしている髪型の写真をもっていく

髪型のイメージを言葉だけで正確に伝えるのはなかなか難しいので、なるべくお願いしたい髪型の写真をもっていくようにしましょう。

具体的には髪型が決まっていない場合でも、イメージに近い写真をいくつかピックアップしておくと好みが伝わりやすく安心です。いいなと感じる髪型を見かけたときに、携帯電話で写真やスクリーンショットを撮っておけば、そのまま美容師さんに見せることができてお手軽です。

また99ページでお話ししたように、顔の印象は「輪郭」「顔のつくり」「髪型」の3つのトータルの印象で決まるため、写真を選ぶときには、なるべく自分と似た雰囲気の人を選ぶようにしましょう。

外国人モデルの写真はなるべく避けたいところ。そのほうが仕上がりのイメージとのギャップが少なくなり安心です。

コンプレックスははっきり伝える

目立たせたくない部位がある場合は、はっきり明確に伝えましょう。

たとえば「顔の横幅が目立たないようにしたい」「エラが目立たないようにしたい」「頭の鉢が目立たないようにしたい」といったストレートな表現でなるべく伝えます。

そうすることで、具体的にどこに配慮してカットすればいいのかを美容師さんが把握しやすくなります。さらに、場合によっては目からウロコのアドバイスをしてくれるかもしれません。

一方「大人っぽくしたい」というような曖昧な伝え方だと、人によって解釈が変わってくるため、想定外の仕上がりになってしまうことがあります。目立たせたくない部位というのは、多くの方にとって絶対に外せないこだわりのポイントにもなってくると思いますので、きちんと伝えるようにしましょう。

相性のよい美容師さんに出会えたら

安心してお任せできる相性のよい美容師さんに出会ったら、基本的には、毎回その方にお願いをするとよいでしょう。定期的にカットをお願いすることで、髪型の好みや髪質についても細かに把握してもらえるので、毎回新規のお客さんとして初めてのお店に行くよりも、いつも安定して満足度の高い仕上がりになるかと思います。

その際には「前回は全体の軽い雰囲気はとても気に入ったけれど、顔まわりの髪が思ったよりも短かったので、今回はもう少し長めに残してほしい」などと前回の感想も伝えると、より納得のいく仕上がりにしてもらえるでしょう。

美容師さんとの出会いもひとつのご縁だととらえ、いいなと感じる方がいたら、定期的にお願いをして、焦らずゆっくり信頼関係を築いていくことをおすすめします。

もっと素敵に!

変化とも美しく付き合う
年齢と髪型の関係

最近は街中でおしゃれな中高年女性をたくさんお見かけします。

年齢を重ねることをネガティブにはとらえず、変化をそのまま受け入れて、いくつになっても今の自分にふさわしいおしゃれを楽しみながら日々を穏やかな気持ちで過ごせたら、それはとても素敵なことですよね。

「美魔女」とまではいかなくても、少しでも若々しく健康的に見られたいという思いをおもちの方は多いことと思います。そのためには髪型にもいくつか心がけるとよいポイントがあります。

①ボリュームを出す

トップと後頭部にボリュームを出すと若々しい印象になります。ボリュームを出すには、ドライヤーを使う際に、流したい方向とは逆向きに髪の毛を乾かします。根元をしっかり乾かすのがきれいに仕上げるコツです。そのうえで、分け目を直線ではなく、点をイメージして、指でかきあげるようにします。

また長年同じところで分け目をつくっている方は、それが強いクセになっているケースも多く、夜きれいに乾かしても朝起きたらぺたんこになってしまったという場合もあるでしょう。

そのようなときには、分け目まわりの髪を、根元を中心に一度しっかりと濡らしたうえで、分けグセとは逆向きに乾かします。

髪の形状が固定されるのは、ドライヤーによって温まった髪が「冷めるとき」です。ドライヤーを離したあと、そのまま髪の毛の根元を手でおさえた状態でほんの数秒間ほどキープしてから手を放すときれいに仕上がります。

②後ろ姿もきれいに整える

正面から見た髪型はきまっていても、後頭部の髪がぱっくり左右に割れてしまっていては、日々の生活に疲れたような印象を与えてしまいがち。

自分自身の後ろ姿を目にする機会はなかなかないことなので、三面鏡や合わせ鏡で後頭部を確認してみましょう。思いがけない分け目が見つかった方は、ドライヤーの際に、分け目をまたぐようにして、左右の髪をそれぞれ逆サイドに引っ張りながら乾かすことで分け目を消すことができます。ドライヤーは髪の毛の根元を中心にあてるようにします。

③前髪をつくってみる

顔の印象を若々しくしたい場合は、前髪をつくるのがおすすめです。もちろん個人差はありますが、多くの方は前髪をつくるとかわいらしさが加わり、若々しい印象になります。

前髪をつくったことがない方なら、髪を前におろしてピンで留めるなどして仮の前髪をつくってみましょう。ある程度、仕上がりの印象を事前に確認することができて安心ですね。

前髪はまっすぐに切りそろえるよりも、斜めに流したほうが、適度に大人っぽさが残るので幅広い方に似合いやすいでしょう。

ドライヤーで内巻きの前髪にしてから斜めに流してワックスをつけると、きれいな斜め前髪がつくりやすいかと思います。持ちをよくしたい場合は仕上げにハードタイプのヘアスプレーを吹きかけます。

また長年髪型が同じという方は、前髪を今風にするだけで大きく印象が変わります。特に、昔流行した薄い前髪の方は、どうしても古い印象に見えがちなので、今風になるよう深めに前髪をつくって厚くしてもらうだけで、ぐんと垢抜けた印象に変わります。

④髪の長さを短くしてみる

年齢を重ねると、どうしても顔のパーツが全体的に下がってくるものです。目尻が下がって優しい印象になるなどプラスの側面もありますが、老けて見える気がするという方は、思いきって髪を短くするのもおすすめです。髪型の重心位置が上がることで顔全体もリフトアップされたように見え、若々しい印象になります。さらに軽やかな雰囲気が加わることで活動的な印象も与えてくれます。

また潤いを感じさせる瑞々しい肌は若さの象徴ともいえますが、顔まわりの髪が乾燥していると、肌も乾燥して見えがちです。

加齢により髪質は変わってくるため、髪の毛のパサつきが気になり、日々のお手入れが負担になってきたという方にも髪を短くしてみるのはおすすめです。

もっと素敵に!

似合わない髪型に挑戦したいときはストレートタイプ

ストレートタイプの方が、ウェーブタイプやナチュラルタイプに似合う髪型にしたいという場合もあるでしょう。

そのような際に、なるべくうまく似合わせるためのコツをここでは紹介します。

ウェーブタイプに似合う髪型にしたいとき

ストレートタイプとウェーブタイプの体型の特徴は、その多くが正反対の関係にあります。似合う髪型に大きく影響する部位の特徴を挙げてみても、たとえばストレートタイプは胸元が厚く首が短めですが、ウェーブタイプは胸元が薄く首が長めといった具合です。

ウェーブタイプに似合うのは、薄い胸元や長い首まわりが寂しく見えないよう、髪の毛でふんわりカバーする華やかな髪型です。

ストレートタイプの方がこのような髪型にすると、胸元の厚みや首の短さが強調されてしまい、上半身が詰まったような印象になりがちです。

自分の元のタイプ ≫ ストレートタイプ

ウェーブタイプに挑戦！

- 体の特徴がほぼ正反対なので、ウェーブタイプの髪型は基本的にはおすすめしない
- ふんわり華やかなウェーブタイプの髪型は、野暮ったい・太った印象になりがちなので注意
- フェミニンな雰囲気にしたいなら、服の色で表現する

ナチュラルタイプに挑戦！

- 髪型全体のフォルムは、ストレートタイプに似合うフォルムに
- そのうえでナチュラルタイプの少し崩したスタイリングを取り入れる
- 服装の「素材感」はストレートタイプ、「形」はナチュラルタイプよりのものを

野暮ったく見えたり、太って見えたりすることが多く、ストレートタイプの方がウェーブタイプに似合う髪型にすることは基本的にはおすすめしません。

ウェーブタイプに似合う髪型が放つ、華やかでフェミニンな雰囲気を取り入れたい場合は、髪型でそれを表現するのではなく、服の色で表現してみてはいかがでしょう。

どんな色の服を着ているのかによって、人の印象はとても大きく変わるからです。

たとえば、ソフトなピンク色のトップスを着るだけでもぐんと華やいだ印象になります。

ナチュラルタイプに似合う髪型にしたいとき

ストレートタイプとナチュラルタイプの大きな違いは「似合うスタイルのイメージ」にあります。

服装についていえば、ストレートタイプはきち

んとした高級感のある着こなしが似合いますが、ナチュラルタイプは着崩したような印象のラフ感やカジュアル感のある着こなしが似合います。髪型についても同様で、ストレートタイプはクラス感のある上品な髪型が、ナチュラルタイプはラフ感のある無造作な髪型が似合います。

そのためストレートタイプでありながらも、ナチュラルタイプに似合う髪型にしたいという方は、リラックス感のあるゆったりした装いやカジュアルな装いを好まれる方かと思います。

このような方は、まず髪型のフォルムはストレートタイプに似合うフォルム（長さによって、ひし形、タイトなひし形、Iライン）にすることで、引きで見た際のバランスの美しさは保つようにします。

そのうえでハンドドライでラフに乾かす、三つ編みのおさげにして乾かす、シーソルトスプレーを使うなどして、ナチュラルタイプに似合う髪型の無造作感を取り入れるといいでしょう。

また服装については、ストレートタイプに似合う「素材感」にこだわりつつ、「形」はナチュラルタイプの要素を取り入れると似合わせやすいでしょう。上質な素材にこだわった、きれいめのカジュアルスタイルをおすすめします。

もっと素敵に！

似合わない髪型に挑戦したいときはウェーブタイプ

ウェーブタイプの方が、ストレートタイプやナチュラルタイプに似合う髪型にしたいという場合もあるでしょう。

そのような際に、なるべくうまく似合わせるためのコツをここでは紹介します。

ストレートタイプに似合う髪型にしたいとき

１１４ページでもお話ししましたが、ウェーブタイプとストレートタイプの体型の特徴は、その多くが正反対の関係にあります。似合う髪型に大きく影響する部位の特徴を挙げてみても、ストレートタイプに似合うのは、厚い胸元や短めの首まわりをすっきり見せる、タイトなフォルムをした上品な髪型です。

ウェーブタイプの方がこのような髪型にすると、胸元の薄さや首の長さがさらに強調されてしまい、物足りない印象になりがちです。そのためウェーブタイプがストレートタイプに似合う髪型にすることは、基本的にはおすすめしません。

貧相な印象を少しでもカバーするには、服装において華やかさをプラスすることです。たとえば胸元にやわらかなボリューム感を添えるオフタートルネックのアンゴラニットや、レースや刺繍を施したフェミニンなブラウスなどを着て、華奢な上半身が貧相に見えないようにしましょう。

ナチュラルタイプに似合う髪型にしたいとき

ウェーブタイプとナチュラルタイプの大きな違いは、「似合うスタイルのイメージ」にあります。

服装についていえば、ウェーブタイプは甘さのあるフェミニンな着こなしが似合いますが、ナチュラルタイプは着崩したような印象のラフ感やカジュアル感のある着こなしが似合います。

髪型についても同様で、ウェーブタイプはエアリーな質感の華やかな髪型が、ナチュラルタイプはラフ感のある無造作な髪型が似合います。

そのためウェーブタイプでありながらも、ナチュラルタイプに似合う髪型にしたいという方は、リラックス感のあるゆったりした装いやカジュアルな装いを好まれる方かもしれません。

このような方は、まず髪型のフォルムはウェーブタイプに似合うフォルムにすることで、引きで見た際のバランスの美しさは保つようにします。そのうえでナチュラルタイプに似合う髪型の無造作感を取り入れるといいでしょう（具体的な方法は、

自分の元のタイプ ≫ ウェーブタイプ

ストレートタイプに挑戦！

- 体の特徴がほぼ正反対なので、ストレートタイプの髪型は基本的にはおすすめしない
- タイトなフォルムのストレートタイプの髪型は、貧相・寂しげな印象になりがちなので注意
- 胸元にやわらかなボリュームのあるものを選ぶなど、服装をなるべく華やかに

ナチュラルタイプに挑戦！

- 髪型全体のフォルムは、ウェーブタイプに似合うフォルムに
- そのうえでナチュラルタイプの少し崩したスタイリングを取り入れる
- 服装は「形」はウェーブタイプ、「素材感」はナチュラルタイプのものの中でもソフトなものを

116ページのストレートタイプの場合を参考にしてください）。

服装についてはウェーブタイプに似合う「形」で下重心をカバーしながら、「素材感」でナチュラルタイプの要素を取り入れると似合わせやすいでしょう。

ただ、麻のようなシャリ感のあるものは難しいので、ナチュラルタイプに似合う「素材感」の中でも比較的ソフトなものを選ぶのがコツです。

コンパクトなシルエットでつくるフェミニンなカジュアルスタイルをおすすめします。

もっと素敵に!

似合わない髪型に挑戦したいときは ナチュラルタイプ

ナチュラルタイプの方が、ストレートタイプやウェーブタイプに似合う髪型にしたいという場合もあるでしょう。

そのような際に、なるべくうまく似合わせるためのコツをここでは紹介します。

ストレートタイプに似合う髪型にしたいとき

ナチュラルタイプとストレートタイプの大きな違いは、「似合うスタイルのイメージ」にあります。

服装については、ナチュラルタイプは着崩したような印象のラフ感やカジュアル感のある着こなしが、ストレートタイプはきちんとした印象の高級感のある着こなしが似合います。髪型も同様で、ナチュラルタイプはラフ感のある無造作な髪型が、ストレートタイプはクラス感のある上品な髪型が似合います。

そのためナチュラルタイプの方がストレートタイプに似合う髪型にする際には、きれいにつくり込まれた髪型とラフ感のある着こなしがちぐはぐに見えないよう、服装

自分の元のタイプ ≫ ナチュラルタイプ

ストレートタイプに挑戦！

- 身体のフレーム感がかなりしっかりしている方の場合は、頭部が小さくなりすぎないよう、髪にボリュームを出すことを忘れずに
- 似合うスタイルのイメージが異なるので、ストレートタイプの髪型にした場合の服装は、きれいめにすると合わせやすい

ウェーブタイプに挑戦！

- 華美につくり込んだ髪型になりすぎないよう、手で崩すようにほぐすなど
- 似合うスタイルのイメージが異なるので、ウェーブタイプの髪型にした場合の服装は、ゆったりしたシルエットながらソフトな質感のものを

をややきれいめにするといいでしょう。

ただ、骨格による身体のフレーム感がかなりしっかりしている方の場合、タイトなフォルムの髪型ではバランスがわるく見える場合があります。

頭部に対して身体が大きく見えバランスがわるいと感じた際には、髪にボリューム感を出すとバランスが整います。スタイリングの際には全身のバランスを確認しながら、ちょうどよいボリューム感に調整するとよいでしょう。

そのうえで、服装についてはナチュラルタイプに似合う「形」のゆったりしたシルエットを選びながらも、「素材感」はカジュアルすぎないきれいめなものを選びましょう。大人っぽい上品なリラックススタイルがおすすめです。

ウェーブタイプに似合う髪型にしたいとき

ナチュラルタイプとウェーブタイプの大きな違

いは、「似合うスタイルのイメージ」にあります。

服装についていえば、ナチュラルタイプは着崩したような印象のラフ感やカジュアル感のある着こなしが似合いますが、ウェーブタイプは甘さのあるフェミニンな着こなしが似合います。髪型については、ナチュラルタイプはラフ感のある無造作な髪型が、ウェーブタイプはエアリーな質感の華やかな髪型がそれぞれ似合いますが、どちらもボリューム感のあるフォルムという点は共通しています。

そのためナチュラルタイプの方がウェーブタイプに似合う髪型にする場合は、ボリューム感のあるフォルムはそのまま取り入れながらも、華美につくり込んだ感じが出すぎないようにすることがうまく似合わせるコツ。

ウェーブタイプに似合う髪型のなかでも、比較的甘さが控えめのものがおすすめです。全身を引きで見て華美な雰囲気がなじまないと感じた際には、髪全体を手で崩すようにしてほぐしてみましょう。

また髪型と服装のテイストがあまりかけ離れたものになるとちぐはぐな印象になるので、服装においては、カジュアル感が前面に出すぎないよう気をつけます。服の「形」についてはナチュラルタイプに似合うゆったりしたシルエットを選びながらも、「素材感」については麻のようなシャリ感のあるものではなく、綿紗のようなソフトな質感のものを選ぶといいでしょう。

たおやかな暮らしを想像させるフェミニンなリラックススタイルがおすすめです。

もっと素敵に!

日々の心がけで美しい髪をつくる

健康的な髪は、その人をより美しく輝かせてくれます。ここでは、毎日の髪のお手入れについて考えてみましょう。

髪の美しさと、生活習慣の関係

健康的な美しい髪を手に入れるには、日々の生活習慣の積み重ねがいちばん大切。

栄養バランスのとれた食事をとる、良質な睡眠をとる、シャンプーは洗い残しがないよう丁寧に洗い、シャンプー剤はしっかり洗い落とす、髪はきちんと乾かしてから寝る、分け目はときどき変えて頭皮が傷まないようにするなどを心がけましょう。

私たちの身体は、臓器や脳など生命の維持にかかわる重要な組織を正常に機能させることを優先するようにできているため、たとえば偏った食生活が続いた場合、最初に影響が出るのは肌・髪・爪などになるのだとか。

美しさと健康は一体なのだということを改めて感じますね。

意外な盲点はシャンプーの洗い残し

私たち女性が意外と陥りがちなのは、実はシャンプーの洗い残しです。

というのも市販の女性向けシャンプーは、洗い上がりのしっとり感を重視する製品上の特性もあり、男性向けシャンプーに比べると洗浄力が弱めのものが多い傾向にあるからです。

そのため女性のほうが頭皮をきれいに洗えていないケースは案外多い可能性も！

特に耳の後ろやうなじの中央の窪んだ部分などは洗い残しが多い箇所なので、指先を小刻みに動かしてしっかり洗いましょう。

ただし爪の長い方は、爪を立てて頭皮を傷つけてしまわないよう気をつけましょう。

ドライヤーをかけた際ににおいが気になる方は、洗い残しが原因で毛穴が詰まっている可能性があります。また、それが原因でクセが出ることもあります（67ページ参照）。定期的にヘッドスパを受けたり、たまには男性向けの頭皮ケアシャンプーを試してみるのもおすすめです。

もっと素敵に!

髪質に合った「髪型」で幸せ上手な生き方を

髪質を生かした髪型のメリットは、さっと簡単にセットできることですが、実はこれ、幸せ上手な生き方の秘訣でもあります。

さっと仕上がる髪型は、あなたを身軽にする

たとえばゆっくり起床した休日の昼下がり、急に出かけたくなったとしても髪のセットに長い時間がかかるとしたら、外出すること自体がおっくうになりそうです。あるいは電車に乗って日帰りで温泉に行こうと誘われた際に、ヘアセット用の道具やスタイリング剤でいっぱいの大きなバッグをもたなければならないとしたら、想像しただけで気が重くなりそうですよね。

つまり、髪のセットに時間をかけず、気の向くまま身軽に行動ができる人のほうが、日ごろから楽しみやチャンスをつかみやすいのです。パートナーがいる方も、急に出かけることになった際にあまり待たせずにすむので、お互いに気持ちよく過ごすことができますね。

状況に応じてぱぱっと身支度ができる人というのは、自分もまわりも幸せにできる、とても魅力的な人だといえるでしょう。

そのためには、簡単にセットできる髪型にしておいたほうが具合がいいのです。

メイクとヘアの時短を考えてみる

いざというときに素早い身支度ができるよう、時短メイクもおさえておくと役立ちます。私の場合は、アイラインと眉を描けばそれでＯＫということにしています。

どの手順を省いてもいいのかは顔立ちによる違いが大きいので、ぜひあなたにとってのベストな方法を探ってみてください。

あなたの〝らしさ〟を大切に

「体型」と「髪質」という生まれつきの個性を生かした「似合う髪型」が、あなたの毎日を今よりももっと明るく楽しく、穏やかな幸せに包まれたものにしてくれますように。

そして他の誰かを目指すのではなく、自分の個性を受け入れそれを生かそうとする心持ちは、そっと静かに、内なる自信を育みます。どんなときも自分を大切にできるしなやかな強さによって、あなたらしい幸せな人生がもっと豊かに広がっていきますように。

骨格診断®　監修者

二神弓子 ◆ふたかみ　ゆみこ

株式会社アイシービー代表取締役社長。一般社団法人骨格診断ファッションアナリスト認定協会代表理事。ミスインターナショナルトレーニングディレクター。研修会社で外見力セミナーを担当し26歳で起業。スクールと研修会社を経営する中、イメージコンサルタントとして20年間で約13,000人の指導実績を持つ。著書に『骨格診断×パーソナルカラー本当に似合う服に出会える魔法のルール』（西東社）、『骨格診断®とパーソナルカラー診断で見つける似合う服の法則』（日本文芸社、森本のり子著、二神弓子監修）などがある。

髪質と髪型　監修者

楢原尊行 ◆ならはら　たかゆき

美容師。ヘアサロン「ニュートラル」の店長。クリエイティブディレクター。パリコレクションでジョン・ガリアーノ、東京コレクションのアライサラ（araisara）、YUMI KATSURA 2013 GRAND COLLECTION IN TOKYO "Beautiful Changes"にヘアメイクとして参加。イタリアのマエストロ、アルド・コッポラのセミナーでオリジナルのカットとカラーを学び、ディプロマを取得。ヘアサロンで店長を務めるかたわら、国内をはじめミラノやプラハでフォトシューティングを行なう。2017年度内に自身のヘアサロン、「maison magnifique（仮）」メゾン マグニフィック（仮）を東京 吉祥寺にて出店準備中。

骨《こっ》格《かく》診《しん》断《だん》®と 髪《かみ》質《しつ》診《しん》断《だん》で見《み》つける もっと似《に》合《あ》う髪《かみ》型《がた》の法《ほう》則《そく》

2017年4月20日　第1刷発行

監修者　二神《ふたかみ》　弓子《ゆみこ》
　　　　楢原《ならはら》　尊行《たかゆき》
著　者　森本《もりもと》　のり子《こ》
発行者　中村　誠
印刷所　株式会社光邦
製本所　株式会社光邦
発行所　株式会社　日本文芸社
〒101-8407
東京都千代田区神田神保町1－7
TEL　03-3294-8931（営業）
03-3294-8920（編集）
Printed in Japan 112170407-112170407 Ⓝ01
ISBN978-4-537-21465-9
URL　http://www.nihonbungeisha.co.jp/

（編集担当：前川）

骨格診断®　監修者　二神弓子
髪質と髪型　監修者　楢原尊行
※プロフィールは127ページ

著者

森本のり子　◆もりもと のりこ

イメージコンサルタント・著述家。一般社団法人骨格診断ファッションアナリスト認定協会理事。早稲田大学理工学部卒。「Baby-G」をはじめとする腕時計の企画に携わった後に独立し女性のプロデュース業に従事。“本来の自分らしさを生かせば、誰もがもっと心豊かに人生を楽しめる”という信念のもと、その人らしさを引き出す似合うファッションや、強みと価値観に合ったライフスタイル等を提言する個人コンサルティングを行っている。著書に『骨格診断® とパーソナルカラー診断で見つける似合う服の法則』（日本文芸社）、『一生使える服選び』（宝島社）、『がんばった分だけ認められる 女子の仕事術』（日本実業出版社）がある。

デザイン　佐々木恵実（ダグハウス）
イラスト　さとうあゆみ
編集協力　上野洋子